ABREGÉ

DE

L'HISTOIRE GENEALOGIQUE

DE LA MAISON

D'ACQUA VIVA

ROYALE D'ARAGON.

A AVIGNON,

Chez PAUL OFFRAY Imprimeur Libraire
prez du Collège des R. R. P P.
Jésuites.

M. DCC. XLIV.

Avec permission des Superieurs.

A

ILLUSTRES ET MAGNIFIQUES SEIGNEURS

M. M. JEAN FRANÇOIS DE SUARES, Chevalier, Marquis D'AULAN Seigneur du Poüet en Percip, La rochette, Valerarques, Iris, Villabeille & autres places: Gentil-homme Ordinaire de la Chambre du Roi, Gouverneur pour S. M. des Château, Ville & Viguerie de Roquemaure, Patrice Romain:

ELZEAR IMONIER, JOSEPH BEAUVOIS CONSULS:

MICHEL BOUCHARD, Docteur ez Droits, Seigneur de Gigognan, ASSESSEUR de la Ville d'Avignon.

ILLUSTRES ET MAGNIFIQUES SEIGNEURS,

*N*OTRE Saint Pere le PAPE ne pouvoit faire un Choix plus glorieux &

plus avantageux pour cette Ville & pour cet Etat que celui qu'il a fait de Monseigneur PASCAL D'ACQUAVIVA pour Vice-Legat d'Avignon.

Ce Digne PRELAT sort d'une Maison des plus Anciennes & des plus Illustres d'ITALIE & même de l'EUROPE. On y compte autant de Grands-Hommes que de Seigneurs particuliers. Ce qui rend les Gouverneurs des Villes & des Provinces recommandables fait le Caractere distinctif des Ancêtres de Monseigneur d'ACQUAVIVA. *Vigilance, Sagesse, Moderation, Equité, parfaite Intelligence dans les affaires, Génerosité,* c'est ce que l'on a admiré dans les Seigneurs d'ACQUAVIVA ; & Monseigneur PASCAL joint toutes ces qualités aux autres vertus qu'il a héritées de ses Peres.

Dans la quantité de Fiefs dont la Maison d'ACQUAVIVA est en possession, les Vassaux ont toûjours regardé les Ducs d'ATRI, de NOCI, de NARDO : les Princes de TERAMO, de CASERTE : les Comtes de SAINT FLAVIAN, de MONTORIO, de SAINT VALENTIN, de CONVERSANO, les Marquis de

BELLANTE &c. comme leurs Peres & non comme leurs Seigneurs.

Dans les Gouvernemens qui ont été confiez à plusieurs de ces Seigneurs, les Peuplès benissent encore aujourd'hui leur memoire ; & il y en a même (a) qui par des Monumens autentiques ont voulu éterniser l'Epoque de leur bonheur.

C'est, ILLUSTRES ET MAG-NIFIQUES SEIGNEURS, ce que le Public verra dans cet Abregé de l'Histoire Généalogique de la Maison d'Ac-QUAVIVA Royale d'ARAGON que j'ai l'honneur de Vous présenter, & que je fais paroître sous Vos auspices. Il faudroit les plus gros volumes pour faire l'éloge de tant de Grands-Hommes que cette Maison a produits depuis neuf siécles. Je me suis contenté d'indiquer leurs principales actions ; mais ce que j'en dis est plus que suffisant pour être assuré de ce que Nous devons attendre

(a) Monseigneur Trojan d'ACQUAVIVA aujour-d'hui Cardinal étant Vicelegat de Bologne le Senat fit frapper des Medailles à son honneur.

EPITRE

sous le Gouvernement de Monseigneur PASCAL
*d'*ACQUAVIVA.

Cet Illustre PRELAT s'est formé sur les mo-
deles vivans que sa Maison lui a fournis
dans la Personne des Cardinaux, des Princes,
des Ducs, des Comtes &c. qui sont aujour-
d'hui l'Ornement des Cours de ROME, de
MADRID & de NAPLES.

Temoins de ses vertus, Vous ne trouverez point,
ILLUSTRES ET MAGNIFI-
QUES SEIGNEURS, de termes as-
sez expressifs pour témoigner au Souverain
Pontife, au nom de cette Ville la recon-
noissance qu'Elle lui doit d'un Don si pre-
tieux.

SA SAINTETÉ Couronne ses graces en faveur de la Ville d'AVIGNON, en lui envo-
yant Monseigneur PASCAL d'ACQUAVIVA
pour Gouverneur, aprez lui avoir donné un
de ses Enfans pour Pasteur.

Je manque moi-même de termes, pour Vous
marquer, ILLUSTRES ET MAG-
NIFIQUES SEIGNEURS, la re-

EPITRE

connoissance dont je suis pénetré d'avoir agréé que le Nom des Peres de la Patrie parût à la tête de cet Ouvrage. Heureux! si, par cet Hommage public, je puis éterniser les sentimens inexprimables de zéle & d'admiration que j'ai pour Vous, & le respect avec lequel j'ai l'honneur d'être,

ILLUSTRES ET MAGNIFIQUES
SEIGNEURS,

Votre tres humble & très-
obéïssant serviteur

MORENAS.

ABREGÉ

DE

L'HISTOIRE GENEALOGIQUE

DE LA MAISON

D'ACQUAVIVA

ROYALE D'ARAGON.

TOUS les Historiens conviennent que la Maison d'*Acquaviva*, dont on donne ici 'Histoire Généalogique en Abregé, est l'une des plus anciennes & des plus illustres d'*Italie*. Leurs sentimens different néanmoins sur la premiere origine de cette illustre Maison. Voici en peu de mots ce que rapportent les principaux.

SELON *François Elie Marchese*, la Maison d'*Acquaviva* tire son origine de la *Suisse*, & est la même que la Maison *Caraccioli*. Quatre Freres, dit cet Historien, suivirent l'Empereur *Frederic Barberousse* en *Italie*. L'un d'eux nommé *Caracciolo* fut le Chef de la Maison *Caraccioli*, & un autre appellé *Conrad* devint celui de la Maison d'*Acquaviva*. Il fon-

A

de son sentiment sur la conformité des Armoiries de ces deux Maisons ; mais outre que le Regne de *Frederic Barberouse* n'est pas une époque assez ancienne pour établir l'origine de la Maison *d'Acquaviva*, il n'y a aucune preuve qu'Elle soit sortie de la *Suisse*.

ANSELME *de Brescia* dans la Vie du Pape *Gregoire XI.* & *Philippe Scala* dans ses Antiquités de la Terre de *Labour* font descendre la Maison *d'Acquaviva* des Anciens *Ducs d'Autriche*, dont le Patrimoine a passé dans la Maison *d'Hapspurg*, aujourd'hui *d'Autriche*, depuis l'avenement de *Rodolphe* Comte *d'Hapspurg* à la Couronne *Imperiale*. Ce sentiment est combattu par *Jean Virgilio* dans ses Chroniques & par *Jean Caramanico* dans ses Antiquitez du Monde. Ceux-ci prétendent que la Maison *d'Acquaviva* doit son origine aux Anciens *Ducs de Baviere*.

BLAISE *Altimori* & *Jacques Guillaume Imhoff*. veulent que cette Maison soit sortie de *France* ; mais *Scipion Ammirato*, qui a écrit dans le XVI. Siecle plus au fait qu'aucun autre Historien sur ce qui regarde les Familles illustres *d'Italie*, n'est pas de ce sentiment. Il rejette même ceux de *Jean Pontano* & de *François Zazzera*. Ces derniers donnant tête baissée dans ce qu'avoient dit les Ecrivains *Italiens* & *Allemans* qui les ont precedés, & à l'exemple de *Philibert Campanile*, ont fait venir les Chefs de la Maison *d'Acquaviva* en *Italie* avec l'Empereur *Othon. I.*

SCIPION *Ammirato* combat le sentiment de ces divers Historiens avec d'autant plus de force, qu'il le croit contraire à la gloire de l'*Italie* qu'il veut soutenir ; & qu'il prétend être attaquée, lorsqu'on cherche une origine étrangere aux plus Illuſtres Maiſons qu'Elle a dans ſon ſein, comme ſi la premiere Nobleſſe n'avoit pas pris naiſſance chez les *Romains.*

BALTHASARD *Storace* a fait depuis quelques années une Hiſtoire particuliere de la Maiſon d'*Acquaviva,* dans laquelle il cite tout au long les paſſages des Ecrivains qui en font mention. Parlant de l'origine de cette Maiſon, après avoir rapporté les differens ſentimens des Auteurs déja nommez, il donne le ſien, appuyé véritablement ſur de ſimples conjectures ; mais qui portent avec ſoi tant de vraiſemblance, qu'on peut dire qu'elles ont plus d'un degré de certitude. Il fait deſcendre cette Maiſon des Anciens Princes *Lombards,* qui ont regné en *Italie ;* & voici ce qu'il rapporte à ce ſujet.

L'EUNUQUE *Narſés,* Général de l'Armée *Romaine,* ſous l'Empire de *Juſtinien,* ayant défait les *Gots* qui s'étoient emparez de *l'Italie,* ſe broüilla avec l'Imperatrice *Sophie ;* & pour ſe mettre à couvert de ſon reſſentiment, il appella les *Lombards.* Ceux-ci s'établirent dans la Contrée qui porte encore auiourd'hui leur nom ; & *Alboin* fut leur premier Roi. *Clephis* lui ſucceda ; & après ſa mort, les *Lombards* élurent, pour gouverner leur Nation, trente-ſix Chefs, qui furent nommez *Ducs,* qui regnerent pendant 10. ans ; & ſe rendirent maîtres de diverſes Provinces.

L'UN de ces *Ducs* pouſſa ſes conquêtes dans la *Marche d'Ancone* & le long de l'*Appennin* juſques vers *Aſcoli ;* & ayant fixé ſa reſidence à *Spolete,* il prit le nom de Duc de cette derniere Ville. Ces *Ducs* érigerent les premiers Fiefs en *Italie* en faveur de leurs Enfans

& de leurs plus proches Parens. La Maiſon d'*Acquaviva* étant l'une des premieres, qui ait poſſedé des Fiefs dans la *Marche d'Ancone* & dans les environs d'*Aſcoli*, il eſt plus que vrai-ſemblable qu'Elle doit ſon origine aux premiers Ducs de *Spolete*, qui étoient des Princes du ſang Royal des *Lombards*.

Il y a aujourd'hui encore un Fief dans la *Marche d'Ancone*, qui porte le nom d'*Ac-quaviva*; & qui eſt ſitué au Nord de la Sour-ce de la petite Riviere de la *Ragnola* à 12. milles d'*Aſcoli*, d'où pluſieurs Hiſtoriens font ſortir la Maiſon de ce nom.

D'autres tirent ſon origine d'un Fief du même nom dans la Terre de *Bari*, au Royaume de *Naples*, qui appartient aux Com-tes de *Joia*, ou *Gioia*, Ducs d'*Atri*; & qui eſt un endroit des plus délicieux. Il y a encore un autre Fief du même nom dans le Comté de *Moliſſe*, au même Royaume, d'où quelques autres Hiſtoriens font ſortir la Maiſon d'*Ac-quaviva*.

L'itineraire d'*Antonin* fait mention d'une Ville, qui porte le nom d'*Acquaviva*, qu'il place dans la *Haute Hongrie*, ce qui a donné lieu à quelques uns de dire que la Mai-ſon de ce nom tire ſon origine d'*Allemagne*. Il y a encore dans l'*Etat de l'Egliſe* un En-droit nommé *Notre Dame d'Acquaviva*, qui a été autrefois une Ville Epiſcopale. Enfin nous avons en *France* dans la Province de *Touraine* un Bourg appellé *Acquaviva*, que l'on croit avoir appartenu à *Jean-François d'Acquaviva d'Aragon*, lequel s'établit en France ſous le Regne de *François* I. qui fut Conſeiller d'Etat, Chevalier de l'*Ordre de S.*

Michel, le feul qu'il y eut alors en *France*; & qui porta le Titre de *Duc* d'*Atri*, comme on le dira dans fon tems.

S C I P I O N *Ammirato*, qui a déjà été cité, donne à la Maifon d'*Acquaviva* une Origine *Italienne* avec plus de probabilité qu'aucun autre Hiftorien. Il dit que cette Màifon avoit 700. ans de Nobleffe; & en défigne *Renaud* d'*Acquaviva* I. du nom pour le Chef, Homme des plus Illuftres de fon tems, & auquel plufieurs Hiftoriens donnent le furnom de *Fameux*.

L E s Guerres dont l'*Italie* a été afligée par l'irruption des *Barbares*, les ravages qu'ils y ont fait en divers tems, font caufe que tous les anciens Titres des Familles illuftres fe trouvent perdus; & que l'on ne peut précifement établir l'époque de leur origine. Quoi qu'il en foit l'ancienneté de la Maifon d'*Acquaviva* eft inconteftable. Les Archives de la Chancellerie du Royaume de *Naples* en font une mention expreffe. On y trouve que lors de la premiere conquête de la *Terre-Sainte*, deux Seigneurs de cette Maifon, qui font qualifiez *Chevaliers* fe fignalerent par leur valeur dans cette expedition.

O N voit dans les Archives particulieres de cette Maifon tous les Actes autentiques qui conftatent fa Nobleffe, & les Privileges qui lui ont été accordez en differens tems par les *Empereurs*, les Rois d'*Efpagne* & les Rois de *Naples*, qu'il feroit trop long de rapporter ici.

E N fuivant l'ordre établi par les plus célebres Ecrivains & en particulier celui qu'à fuivi *Scipion Ammirato*, Nous commençons la Généalogie de la Maifon d'*Acquaviva* à *Renaud* I. du nom qui a déjà été nommé; & qui vivoit dans le **XII**. Siécle. Il rendit des services importans à l'Empereur *Henri* IV. lequel pour recompense lui donna quantité de Fiefs dans l'*Abruzze* & la *Marche d'Ancone* , & en particulier la Terre d'*Atri* en 1195. d'où l'on tire une preuve évidente que ce Seigneur avoit déjà le Titre de *Baron*. Il avoit épousé *Foresta* Fille de *Leon d'Atri* , auquel ces Fiefs appartenoient en partie, & sur tout celui d'*Atri* que ses Successeurs ont possedé. Il y avoit du tems de *Renaud*, plusieurs autres Seigneurs de la Maison d'*Acquaviva* , dont l'Histoire fait une mention honorable ; mais on ne sçait point s'ils étoient Freres , Neveux ou Cousins de *Renaud* I.

ANDRE' d'*Acquaviva* fut Fils unique du fameux *Renaud*. Les Regîtres de la Chancellerie Royale de *Naples* portent qu'en l'année 1220. *André* fut fait *Grand Justicier* de la Province d'*Otrante* , Charge qui étoit alors l'une des premieres du Royaume. On trouve dans les mêmes Regîtres , sous *Charles d'Anjou* I. du nom , qu'*André* d'*Acquaviva* eut trois fils, *Richard* , *Berard* & *Renaud* I. qui possederent les Fiefs de leur Maison.

LES Anciens Mémoires du Royaume portent que *Richard* l'ainé des Fils d'*André* d'*Acquaviva* se rendit célèbre par des actions éclatantes. Ils font encore mention de divers Actes particuliers de cette Maison , par exemple , on y trouve une Requête qu'il présenta au Roi en 1271. par laquelle ce Seigneur demandoit qu'il pût contraindre ses Vassaux dans son Fief de *Coperchiano* , lequel n'avoit point été compris dans la Donation de l'Empereur *Henri* IV. à lui payer les Tailles. Il faisoit voir dans cette Requête que ces subsides lui étoient absolument

nécessaires , pour soutenir son rang , & avoir
des Troupes sur pied afin de se défendre contre
les Ennemis du Royaume , & les siens en particulier , lorsqu'il étoit obligé d'aller faire la vi-
site de ses Châteaux dans la *Marche d'Ancone*.

On trouve encore dans les Registres de la
Chancellerie qu'en 1281. *Richard d'Acquaviva*
obtint la Baronie de *Bacucco* du chef de sa
Mere ; & qu'en 1284. il fut nommé *Grand
Justicier* de la Terre de *Bari*. On y voit aussi
que la même année, pour récompense des grands
services rendus à l'Etat , le Prince *Charles*, Fils
ainé du Roi , & qui fut son Successeur sous le
nom de *Charles II*. donna à *Richard* plusieurs
Fiefs qui étoient en sa disposition ; & que ce
Seigneur est qualifié dans le Diplome de *Très-
Noble* & de *Puissant Seigneur*, ce qui est une preuve de l'ancienneté de sa Famille , puis que ces
Titres ne se donnoient qu'aux plus anciens *Gen-
tils-hommes* & aux *Barons*.

On voit enfin dans ces Registres que l'année suivante 1285. sous le regne de *Charles II*.
durant la guerre de *Sicile*, suscitée par les *Ara-
gonois*, le Baron *Richard d'Acquaviva* y con-
duisit une Armée à ses dépens , & y donna
des preuves d'une valeur peu commune. Ayant
eu ordre de se jetter dans *Messine*, il défendit
si bien cette Place contre les efforts des Ennemis qu'il la conserva dans l'obéissance de son
Souverain , malgré les intelligences que les *Ara-
gonois* avoient avec plusieurs des Habitans, peu
portez pour le Roi *Charles*.

Richard d'*Acquaviva* avoit épousé *Jac-
queline* de *Pizzi* , fille de la premiere condi-
tion dont la Dot fut 600. *Onces* d'Or , somme
alors des plus considerables. Il en eut 2. fils ;

Gentil & *Menier* ; celui-ci ne prit aucune alliance. *Gentil* épousa *Marguerite Caprifica*, de laquelle il eut *Jacques* mort sans postérité, lequel avoit été marié avec *Cubitose d'Aquin*, dont la Famille a été si célebre dans le Royaume de *Naples*. Par cette mort les Fiefs de *Richard* passerent entre les mains de *Berard* & de *Renaud II*. ses Freres.

BERARD d'*Acquaviva* fut Seigneur d'*Atri* & continua la postérité. Il contribua beaucoup à la splendeur de sa Maison. Ses vertus le rendirent recommandable ; & il fit sur tout admirer sa prudence consommée dans les differens Emplois dont il fut revêtu. Il n'eut qu'un fils nommé *Gualtieri*, de *Cume* sa femme. *Gualtieri* épousa en 1269. *Isabelle* Fille de *Barthelemi Grosso*, qui lui apporta une Dot trés considerable ; & par le chef de laquelle il succeda à divers Fiefs. Il en posseda plusieurs autres par indivis avec *Renaud II*. son Oncle ; & mourut sous le regne de *Charles II*. en 1289. regretté du Roi & de toute la Cour, laissant 2. enfans *Mathieu* & *Philippe*.

MATHIEU d'*Acquaviva* obtint du Roi, pendant que la Cour étoit à *Rieti*, l'investiture de toutes les Terres que son Pere possedoit. L'Acte est du mois de Septembre de la même année 1289. Il épousa en 1303. *Imperatrice d'Arci*, de la Maison de *Campli* ; & il en eut un Fils nommé *François*, & une Fille appellée *Isabelle*, mariée au Comte de *Celano*, dont les Enfans furent regardez comme les Héros de leur Siécle.

FRANÇOIS d'*Acquaviva* hérita non-seulement de tous les Fiefs de ses Ayeux ; mais il en acquit encore plusieurs autres, & se rendit

fameux

fameux par les plus belles actions , en sorte
qu'il est regardé comme l'un des plus Grands
Hommes de la Maison d'*Acquaviva.* Sa Mere
craignant qu'il ne pût avoir de posterité , demanda au Roi en 1309. que son Fils venant à
mourir sans Successeur , la Comtesse de *Celano*
fût l'héritiere universelle de la Maison d'*Acquaviva. Charles II.* apointa la Requête d'*Imperatrice d'Arci* ; mais elle fut inutile. *François,* ayant épousé *Jeanne de S. Georges* des ancien Comtes d'*Apici* & de *Guagnano,* eut un Fils
qui fut *Mathieu II.* du nom ; & qui continua
la posterité. *François d'Acquaviva* eut en 1320.
un grand different avec *Conrad d'Acquaviva*
Comte de S. *Valentin* , son Cousin , au sujet du
Fief d'*Acquaviva* situé dans la *Marche d'Ancone* , que le Roi *Robert* termina , d'où l'on tire
la preuve que dans ces tems-là , cette Maison étoit
déjà divisée en deux Branches , sçavoir celle de
François d'Acquaviva Seigneur d'*Atri* & celle
des Comtes de S. *Valentin* , dont *Conrad I.*
fut le Chef , comme *Berard II.* Successeur de
Renaud dans la Seigneurie d'*Atri* , laquelle
passa entre les mains de *Gualtieri* , l'étoit de
l'autre.

S u i v a n t les Loix des *Lombards* , *Renaud II.* troisiéme Frere de *Berard* , succeda
dans les autres Fiefs de la Maison , & mourut
en 1275. laissant 3. Fils , *Conrad I. Pierre &
Renaud III.* Ces deux derniers n'eurent point
de posterité ; & *Conrad* fut le seul Chef de la
Branche cadette qui eut en partage toute la
succession de *Pierre* & de *Renaud III.*

L e Roi *Robert* fit *Conrad* l'un de ses
principaux Favoris , & le merite de ce Seigneur
fut le seul fondement de la haute fortune à la-

quelle il parvint. En 1309. au commencement du regne de *Robert*, il avoit déjà obtenu l'investiture de tous les Fiefs qui lui revenoient suivant les Lois des *Lombards* ; & on lui en rendit plusieurs autres, outre ceux que son Pere avoit possedez. En 1317. il fut fait *Grand Ecuyer* ; & le Diplome lui donne le Titre de *Chevalier*. Il se signala dans la guerre de 1319. & revint à la Cour couvert de gloire, aprés l'entière défaite des Ennemis. Il épousa *Francoise Troisia* de la Maison Royale des Princes *Normands* ; & ayant acheté le Comté de *S. Valentin* il en prit le Titre de Comte.

AVERARD son Fils fut le second Comte de *S. Valentin*, & épousa *Antoinette de Fontanai*. En 1344. Il fut nommé Ambassadeur pour aller recevoir au nom de tout le Royaume le Roi de *Hongrie*, qui venoit épouser la Reine *Jeanne I.* fonction dont il s'acquita avec une magnificence digne du rang qu'il occupoit. Il se distingua encore en diverses occasions sous le regne de cette Princesse. *Charles* de *Duras* étant parvenu à la Couronne en 1381. le Comte *Averard* eut beaucoup de part à la faveur de ce Prince, auquel, durant les guerres qu'il eut à soutenir contre les Princes de la Maison d'*Anjou*, il prêta une somme de huit mille Ecus.

IL laissa un Fils nommé *Conrad*, & une fille appellée *Antoinette* du nom de sa Mere, laquelle fut mariée avec *Antoine*, Comte de *Celano*, en premieres nôces ; & en secondes avec Louis de *Gesualdo*.

CONRAD II. du nom Fils d'*Averard d'Acquaviva* fut III. Comte de *S. Valentin* ; & soutint parfaitement la haute réputation de son pere & de son Ayeul, soit en tems de paix, foit en tems de guerre, dans les differens Emplois qui lui furent confiez. Il avoit eu un Fils naturel, lequel du consentement du Roi *Ladislas* obtint en 1390. Le Château d'*Oretano*.

CONARD III. & IV. Comte de *S. Valentin* son Fils legitime fut l'héritier de ses grands biens & de ses vertus. Il assista aux Etats Generaux du Royaume tenus à *Naples* en 1400. du vivant de son Pere; & eut sa place parmi les premiers Barons. Il épousa *Messine Acciajoli* Fille d'*Ange*, Comte de *Melfe* & de *Malte*, Grand *Senéchal* du Royaume, dont il eut un Fils unique nommé *Conradin* qui fut le V. Comte de *S. Valentin*.

CONRADIN étoit encore mineur lors de la mort de son Pere, arrivée en 1409. Le Roi *Ladislas* lui donna pour Tuteur *Benoit Acciajoli*, Comte de *Melfe*, son Oncle; mais ce jeune Seigneur étant mort sans posterité, sa riche succession passa à la Branche ainée de la Maison; & le Comté de *S. Valentin*, l'un des plus anciens du Royaume, fut vendu à la Maison *des Ursins*.

C'EST de cette Branche ainée que sont descendus les Ducs d'*Atri*, & les autres Branches qui subsistent aujourd'hui de l'illustre Maison d'*Acquaviva*.

MATHIEU II. du nom étoit Fils de *François d'Acquaviva*, Seigneur d'*Atri*, qui étoit le dernier Chef de la Branche ainée. La Reine *Jeanne I*. du nom le nomma en 1349. son *Chambellan*, & lui donna les Terres de *Baiviano* & de *Triviano*. Ce Seigneur, qui tint toûjours l'un des premiers rangs à la Cour de cette Reine, s'y fit encore plus distinguer par son mérite que par son Emploi. Il épousa *Jac-*

queline de *San Severina* , de la Famille Royale des Rois de *Naples* , dont il n'eut qu'un Fils nommé *Antoine I.* du nom.

ANTOINE d'*Acquaviva* Seigneur d'*Atri* , s'attira les regards de toute la Cour dès sa plus tendre enfance. La Reine *Jeanne* le diſtingua ſur tous les autres Seigneurs du Royaume ; & quoi qu'il fût encore fort jeune. Elle lui donna le commandement de l'Armée qu'elle envoya à *Aſcoli* au ſecours de *Demetrius Albernozio* , Neveu du Cardinal *Giles* , Legat du Pape en *Italie*. Le Comte *Antoine* délivra *Demetrius* aſſiegé depuis 10. mois dans cette ville ; & retourna triomphant à *Naples* , où il fut regardé comme l'un des plus grands Capitaines que l'on pût trouver , après avoir réuſſi dans une entrepriſe qui paroiſſoit des plus difficiles.

APRE'S la Mort de la Reine , *Charles* de *Duras* III. du nom , Roi de *Naples* le fit ſon *Grand Chambellan*. Il ſe ſignala dans les guerres que ce Prince eut à ſoutenir ; & le Roi lui donna pour recompenſe , en 1382. le 12. d'Avril , les Terres de *S. Flavian* & de *Montorio* , qu'il erigea en Comté , & le nomma en même-tems *Grand Juſticier* de l'*Abruzze*.

LE Comte *Antoine* d'*Acquaviva* étoit non ſeulement diſtingué parmi tous les autres Seigneurs du Royaume ; mais encore parmi ceux de toute l'*Italie*. *Ladiſlas* étant parvenu à la Couronne , ſçachant combien la Maiſon d'*Acquaviva* avoit été attachée à la Reine *Marguerite* ſa Mere , même dans le tems que cette Princeſſe avoit été hors du Royaume ; & voyant qu'il devoit à cette Maiſon les premiers ſuccez dont il avoit été favoriſé dans l'*A-*

brazze, ce qui lui facilita la conquête du Royaume, il voulut lui donner une preuve des plus marquées de son estime & de sa bienveüillance.

LADISLAS déclara le Comte *Antoine d'Acquaviva* Duc *d'Atri* & Seigneur *Suzerain* de *Teramo*; & dans le Diplome qui fut expedié pour cela, qui est du 20. Juin 1393. Le Roi le qualifia de son Parent, ce qui est une preuve des plus évidentes de la noblesse & de l'ancienneté de la Maison *d'Acquaviva*, & ce qui la distingue bien particulierement des autres Maisons illustres *d'Italie*, comme tous les Historiens en conviennent.

ANTOINE *d'Acquaviva*, Premier Duc *d'Atri*, épousa *Cecarella Cantelmi*, Fille de *Roslaing* Comte de *Popoli* & de *Sora*, dont il n'eut qu'un Fils, *André Mathieu* I. du nom, Comte de S. *Flavian* & de *Montorio* II. Duc *d'Atri*. La Maison de *Cantelmi* étoit & est encore l'une des plus distinguées du Royaume de *Naples*. Elle a été reconnuë en 1683. par un Acte solemnel, alliée à la Couronne de la *Grande Bretagne*, comme issuë des Rois *d'Ecosse*. Le Roi *Charles II.* avoüa tous les *Cantelmi* pour ses Parens; & cet Acte fut aprouvé en 1688. par *Charles II.* Roi d'Espagne. On tire encore de là une preuve de la noblesse de la Maison *d'Acquaviva*, qui a eu les plus illustres Alliances, comme on le verra par la suite de cet Abregé.

ANDRE' *Mathieu* II. Duc *d'Atri* épousa *Catherine Tomacelli Cybo*, Fille de *Jean* Marquis de la *Marche*, Frere du Pape *Boniface IX.* à laquelle on donna pour dot. 107. mille Ecus, somme extraordinaire dans ces tems-là. Peu après son Mariage, le Duc *Antoine d'Acqua-viva* fut nommé par le Roi *Ladiflas*, pour conduire la Princesse sa sœur, *Jeanne de Duras*, à la Cour de *Guillaume* Duc *d'Autriche*, dont Elle devoit être l'Epouse. Au retour de cette Ambassade, de laquelle il s'acquita avec une splendeur dont les deux Princes furent également satisfaits, le Roi donna au Duc le commandement général de son Armée contre *Marie* Princesse de *Tarente*; & le Duc termina cette guerre à la gloire de son Prince. Il mourut ensuite pendant la guerre civile qui s'éleva en 1407. laissant trois Fils & une Fille.

ANTOINE II. nom, l'aîné, fut le III. Duc d'*Atri*, Comte de S. *Flavian* & de *Montorio* &c. Il paroissoit être destiné à devenir le plus riche Seigneur & le plus heureux de toute l'*Italie*. Le Roi *Ladiflas* avoit enfin fait la Paix avec la Princesse de *Tarente* qu'il épousa peu de tems aprez. La Princesse avoit une Fille nommée *Marie* de son premier Mariage avec *Raymond des Baux*, des *Urfins*, Comte de *Soleto*, & Prince de *Tarente*. Le Roi qui cherchoit toutes les occasions de pouvoir donner des marques de sa bienveüillance à la Maison d'*Acquaviva*, crut en trouver une des plus distinguées, en mariant la jeune Princesse *Marie* avec le Duc d'*Atri*, ce qui fut fait le 8. Octobre 1407. Sa Majesté ordonna des Fêtes publiques à l'occasion de ce Mariage, qui fut celebré avec une magnificence vraïëment Royale. Les Historiens remarquent que le Roi n'auroit pas pu faire d'avantage pour sa propre Fille.

PAR ce Mariage, le Duc d'*Atri* se trouvoit possesseur de tous les biens de la Maison *des Baux des Urfins*, dans laquelle étoit le

Comté de *Soleto* & la Principauté de *Tarente*, dont la Princesse *Marie* étoit unique heritiere ; mais le Duc mourut malheureusement sans posterité.

ON sçait assez que la Maison des *Baux* est originaire de *Provence* ; & que les premiers Barons de cette Maison ont porté le titre de Rois d'*Arles*, Comtes de *Provence* ; & qu'ils ont ensuite été Souverains de la Principauté d'*Orange*. Deux Branches de cette Maison ont passé en divers tems en *Italie* ; & y ont contracté en tout tems des Alliances convenables à leur noblesse. La Maison d'*Acquaviva* en a pris plusieurs, dans celles *des Baux*, comme on le verra dans la suite de cet Abregé ; & par ces Alliances, Elle en a contacté avec toutes les Familles de la Branche qui resta en *France*, ce qui rend la Maison d'*Acquaviva* alliée avec ce qu'il y a de plus illustre dans le Royaume & en *Europe*, sans compter les Alliances qu'à eu la posterité de *Jean François* d'*Acquaviva* qui s'établit en *France*.

PIERRE *Boniface* d'*Acquaviva*, Second Fils d'*André Mathieu* fut le IV. Duc d'*Atri*, après la mort de son Frere. Le Roi *Ladislas* lui donnant en 1413. l'investiture de tous les Fiefs que son Pere avoit possedez, le qualifia encore de son Parent. *Pierre Boniface* épousa *Catherine*, Fille de *François Ricciardi*, Grand *Senéchal* du Roi *Ladislas*, & ensuite *Grand Maréchal* du Royaume, dont il n'eut qu'un Fils nommé *André Mathieu*, comme son Ayeul, qui fut le V. Duc d'*Atri*.

ANDRE' *Mathieu*, Second du nom, V. Duc d'*Atri* prit le parti des Armes, lorsqu'il fut en âge de servir. Des Raisons particulieres l'obligerent d'entrer dans la Ligue que fit en ce tems-là *François* , *Sforce* Seigneur de *Milan* . contre *Alfonce* Roi d'*Aragon* , & durant toutes les guerres auxquelles il eut part, il fit remarquer en lui toutes les qualitez qui font les Grands Heros. Cette Alliance fut cause que le Roi le dépouilla de tous ses Biens. Il mourut fans avoir été marié ; & fa Succeffion paffa à *Jofias* fon Oncle Troifiéme Fils du Duc *André Mathieu* I. du nom, lequel fut le VI. Duc d'*Atri*.

LE Royaume de *Naples* continuoit d'être déchiré par de cruelles guerres. Le Duc *Jofias* paffoit pour un des plus Grands Hommes de fon Siécle en tout genre, Quoi qu'allié très étroitement avec *Sforce*, il fe déclara néanmoins contre lui, & prit les Armes en faveur d'*Alfonce* Roi d'*Aragon*. Il marcha d'abord à *Jefi* & empêcha les Troupes de *Sforce* de penetrer dans le Royaume de ce côté là. Il fe trouva enfuite à la fameufe Bataille Navale dans laquelle *Alfonce* fut défait par les *Genois* en 1435. & dans laquelle il fit des prodiges de valeur. La difgrace d'*Alfonce* ne le fit pas changer. Il continua de foutenir fon parti, quoique ce Prince fût hors du Royaume ; & entretenant une Armée à fes propres frais & dépens, il fçut toûjours faire face aux Troupes de *Sforce*.

ALFONCE ne fut pas reconnoiffant de tous les fervices que *Jofias* lui avoit rendus. Il lui refufa les Villes & les Etats d'*Atri* & de *Teramo*, qui lui revenoient par la décez de fon Neveu *André Mathieu*. Les Etats Généraux du Royaume ayant été affemblez à *Naples* en 1443. où tous les Barons fe trouverent, *Jofias* ne voulut point y affifter. Il refolut de fe vanger

ger d'*Alfonce*, qui deſtinoit *Ferdinand* ſon Fils
naturel pour ſon Succeſſeur au Trône. Il ſe ligua avec *Sforce* & prit les Armes pour recouvrer les Villes d'*Atri* & de *Teramo* qu'on lui
avoit refuſées, déclarant ainſi ouvertement la
Guerre au Roi *Alfonce*. Le Comte de *Taglia-
coʒʒo*, *Jean Antoine des Urſins*, commandant les
Troupes du Roi, s'avança juſques à *Boʒʒo
Caſtello*, où étoit le Duc *Joſias*, dans le deſ-
ſein de l'attaquer ; mais le Duc informé de la
Marche du Comte, vint à lui, & tombant tout
à coup ſur ſon Camp, il le contraignit de prendre la fuite, après lui avoir tué la plus grande
partie de ſes Troupes.

L e Roi averti de cette déroute ſe mit lui-
même à la tête de ſon Armée, craignant que
le *Duc* joint par les Troupes de *Sforſe* ne por-
tât la guerre dans le cœur du Royaume. Il s'a-
vança juſques auprez de *Chieti* ; mais les choſes
n'allerent pas plus loin. Le Duc *Joſias* fit ſa paix
avec le Roi le 22. Juillet 1446. & obtint les
Etats d'*Atri* & de *Teramo*. Les Villes de ce
nom ne furent cependant pas compriſes dans la
conceſſion qu'*Alfonce* fit au *Duc*. Cela fut cau-
ſe qu'aprez la mort de ce Prince, le Duc ſe
ligua avec le Prince de *Tarente* ſon Beau-Frere
pour la conquête de ces deux Villes, & fit la
guerre à *Ferdinand* Succeſſeur d'*Alfonce*, qui
rendit enfin ces deux Villes. Cette reſtitution
ne termina pourtant pas la guerre. *Jules Antoine* fils du Duc *Joſias* y mit fin aprez la mort
de ſon Pere d'une maniére très glorieuſe pour
lui.

J o s i a s d'*Acquaviva* avoit été marié deux
fois. Il épouſa en premiéres nôces une Fille de la
Maiſon *Carrara* des Anciens Seigneurs de *Pa-*

doüé, & en secondes nôces la Fille du Fameux *Jacques Caldora* Duc de *Bari*, l'un des plus illustres Capitaines que l'*Italie* ait eû. Le premier mariage fut sterile. Il n'eut du second qu'un fils unique, qui est *Jules Antoine* dont on vient de parler, lequel succeda à tous les biens de son Pere, & fut le VII. Duc d'*Atri*. La Comtesse *Marguerite* Sœur du Duc *Josias* & Fille d'*André Mathieu* I. du nom avoit épousé la Marquise-*Camponeschi* des anciens Comtes de *Momtorio*.

Tous les Historiens & les Poëtes d'*Italie* ont célebré la mémoire de *Jules Antoine d'Acquaviva* VII. Duc d'*Atri*. Il se distingua en toute occasion de la maniere du monde la plus éclatante. Il donna les premieres preuves de sa valeurs dans la poursuite de la guerre que son Pere avoit déclarée au Roi *Ferdinand*, contre lequel il marcha à la tête de huit mille Chevaux. Mais aprez la mort du Prince de *Tarente* son Beau-Pere, il se reconcilia avec le Roi, qui lui avoit fait offrir la paix; & il se mit ensuite à son service. Les articles du Traité au nombre de XIII. furent signez le 25. novembre 1463. Le Cardinal de *Ravenne* Legat du Pape & *Antoine Del Trezzo* Ambassadeur du Duc de *Milan* en furent les garans, au nom de leurs Principaux.

Le Roi *Ferdinand* fut si satisfait de s'être attaché le Duc *Jules Antoine* & la Maison d'*Acquaviva* qu'il en fit éclater publiquement sa joye. Il voulut retourner à *Naples* avec lui, & prit en lui une si grande confiance qu'il ne forma plus aucune entreprise sans son conseil. *Ferdinand* voulant marier *Frederic* son Fils avec la Fille du Duc de *Bourgogne* le Duc *Jules Antoine* fut chargé de la négociation de ce mariage;

& étant allé en *Bourgogne*, il y réuſſit à la ſatis-
faction du Roi. Il fut appellé en 1479. par le Duc
de *Calabre* qui faiſoit la guerre aux *Florentins*
& fit dans cette guerre des prodiges de valeur,
même aprez une bleſſure qu'il réçût dans un
aſſaut.

Les Turs étant venus aſſieger *Otrante* en 1480.
avec une Armée formidable, il fallut laiſſer
cette guerre indeciſe. *Ferdinand* nomma le Duc
Jules Antoine Géneral en chef de ſon Armée contre
les Infidéles. Le *Duc* marcha contre eux & ſoutint parfaitement la réputation qu'il avoit acquiſe
du plus grand Capitaine de ſon Siécle. Aprez divers avantages remportez ſur les Ennemis, qui
maitres d'*Otrante* menaçoient tout le Royaume,
il perit malheureuſement dans cette guerre de la
maniere ſuivante.

Se trouvant le 7. Fevrier 1481. à *Sternataja*,
il fut averti que les *Turcs*, ayant fait une ſortie
enmenoient quantité d'hommes en eſclavage, &
qu'ils avoient enlevé beaucoup de butin. Il mon-
ta à cheval avec ce qu'il put trouver de troupes
ſous ſa main. Il marcha à eux, les atteignit, les
mit en deroute, & les pourſuivit juſques ſous les
Murs d'*Otrante*, aprez leurs avoir répris le butin.
Le *Bacha* qui commandoit dans cette Place apre-
nant la fuite de ce Corps de Troupes; crut que toute l'Armée du Roi l'avoit pourſuivi; & ſortant
avec tout ce qu'il avoit de monde, il vint attaquer
le *Duc*. Quelque inferieur qu'il fût aux Ennemis
qui étoient plus de cinquante contre un, il ne re-
fuſa pas le Combat, Il ſe défendit d'abord avec un
courage & attaqua enſuite avec une intrepidité qui
eut peu d'exemple. Il fit un carnage horrible des
Turcs; mais enfin ne pouvant plus réſiſter à la
multitude qui augmentoit à tout moment par l'ar-

rivée de nouvelles Troupes , il tomba parmi les Morts couvert de plus de trente blessures.

FERDINAND fut plus sensible à la mort du Duc d'*Atri* qu'à la perte d'*Otrante*. Il en temoigna publiquement les plus vifs régrets. Ayant ensuite répris cette Ville sur les *Turcs* , aprez avoir été joint par le Duc de *Calabre* son fils, il y fit faire au Duc *Jules Antoine* un service solemnel avec une magnificence Royale , & y assista lui-même avec toute l'Armée.

LE Duc *Jules Antoine* avoit épousé *Catherine des Beaux* , Cousine du Roi *Ferdinand* & Fille d'*Antoine* de *Tarente* Comte de *Lecce* , Duc de *Brindes* ; & Grand *Connétable* du Royaume , qui lui porta pour Dot le Comté de *Conversano* & de *Turi*, la Ville de *Noci* & plusieurs autres Fiefs. Il avoit fait bâtir de son vivant une Ville sur les bords de la Mer *Adriatique* , qui fut nommée de son nom *Jules la Neuve* , où les Ducs d'*Atri* font leur séjour ordinaire. Le Roi *Ferdinand* pour réconnoître les services que le Duc *Jules Antoine* lui avoit rendus en plusieurs occasions ne fut pas content des grandes récompenses qu'il lui avoit données en divers tems , il ne jugea pas encore trop faire pour ce Seigneur , en lui accordant la permission de porter les Armoiries du Royaume de *Naples* & de joindre le nom d'*Aragon* qui étoit celui de la Famille Role à celui d'*Acquaviva* pour lui & pour toute sa posterité. & c'est depuis ce tems-là que cette Maison porte le Titre d'*Aragon*.

LE Duc *Jules* laissa de son mariage 1o. *André Mathieu d'Aquaviva d'Aragon* III. du nom, qui fut le VIII. Duc d'*Atri* , 2o. *Belisaire d'Acquaviva d'Aragon* qui fut Duc de *Nardo* & forma une seconde Branche de cette Maison 3o. *Sulpice d'Acquaviva d'Aragon* Evêque de *Bitetto* & ensuite de *Conversano*, mort en 1485. 4°. *Donat d'Aquaviva d'Aragon* Evêque de *Conversano* mort en 1528. *Paule d'Acquaviva d'Aragon* qui épousa en premieres nôces *Honoré* de *San Severino* Prince de *Bisignano* & en secondes nôces *Antoine Cantelmi* Comte de *Popoli*.

ANDRE' *Mathieu d'Acquaviva d'Aragon* Troisiéme du nom, VIII. Duc *d'Atri* Prince de *Teramo* servit utilement sa patrie sous le Roi *Ferdinand* ; & soutint parfaitement la haute reputation de valeur que son pere avoit acquise. La Ville de *Teramo* dans l'*Abuzze Ulterieure* que ce Prince lui donna aprez l'avoir érigée en Principauté est une preuve de ses services. Il trouva cependant des Ennemis qui voulurent le mettre mal dans l'esprit du Roi, à l'occasion d'une conjuration dans laquelle on prétendoit qu'il fût entré. Le Roi le justifia d'abord lui-même, ce qui paroit par une Lettre que ce Prince lui écrivit, de sa propre main , & qui est rapportée tout au long par *Camille Pozzio* qui a donné l'Histoire de cette Conjuration. Mais le Duc ayant ensuite donné lieu à quelques soupçons, il fut enfin arrêté avec les Conjurez, dont la plus gran-de partie fut punie du dernier Supplice. Mais malgré tout ce que le Comte de *Carinola* l'un d'i-ceux put dire à la charge du *Duc,* ses services par-lerent pour lui ; & le Roi fit instance auprez du Duc de *Calabre* son Fils pour que le Duc d'*Atri* ne fût point enveloppé dans la proscription ; mais qu'on se contentât de lui ôter tous ses biens où une partie, en le remettant en liberté. Le Prince rencherit ; & voulut que puisque le Duc d'*Atri* recouvroit sa li-berté , il joüit encore de tous ses biens.

ANDRE' *Mathieu* se trouva bien-tôt dans de nouveaux embarras. *Charles* VIII. Roi de *Fran-ce* tenta la Conquête du Royaume. Le *Duc* qui avoit été attaché à *Ferdinand d'Aragon* & à *Alphonse* son Fils, le fut encore au jeune *Ferdinand* son Neveu. Il prit les armes contre *Charles* & de concert avec *Cesar d'Aragon* son Parent & *Barthelemi d'Alviano* à la tête de 3000 Hommes de pied, & 500. Hommes d'Arme, il passa de l'*Abruzze* dans la *Pouille*, pour veiller à la conservation de *Brindes*, *d'Otrante* & de *Tarente* ; & pour être à portée de solliciter les *Venitiens* & les *Siciliens* de venir au secours des *Espagnols*. Mais toutes ces mesures furent inutiles. *Charles* se rendit Maître du Royaume ; & le Duc d'*Atri* cedant aux circonstances, se soumit au vainqueur.

FERDINAND, qui avoit passé en *Sicile* en revint bien-tôt ; & ayant été joint par l'Armée du Duc d'*Urbin* dans l'*Abruzze*, il alla attaquer les Etats du Duc d'*Atri* & s'en rendit Maître. La Fortune étoit dévenuë favorable à ce Prince ; mais il n'en joüit pas long-tems. Il mourut peu aprez. *Frederic* lui succeda ; & la guerre continua ; tantôt les *Espagnols* furent vainqueurs, & tantôt la victoire se déclara pour les *François*. Enfin le Royaume ayant été partagé entre eux, le Duc d'*Atri* se trouvant auprez de *Naples* suivit le parti de ces derniers, & s'attacha à *Louis VII.* auquel il préta serment de fidelité. Il eut ensuite le commandement d'un corps de Troupes *Françoises*, destiné à conserver *Otrante*, lorsque la guerre eut recommencé. Il s'acquita dignement de sa commission ; mais la fortune n'étant pas toûjours du côté de la valeur, & se trouvant d'ailleurs infiniment inferieur aux *Espagnols* qui vinrent l'attaquer, il fut fait prisonnier & conduit à *Naples*.

LAS de se voir le joüet d'une fortune inconstante dans le métier de la guerre, il ne pensa plus, étant à *Naples*, qu'à faire son occupation des Belles Lettres, qu'il avoit cultivées dès sa plus tendre enfance avec un succez merveilleux; & qui l'ont également rendu recommandable. Il étoit Membre des plus celebres Academies de l'*Europe*; & ayant donné divers Ouvrages au Public, il étoit en correspondance avec tout ce qu'il y avoit de Sçavans. Un de nos Poëtes *François* a dit en parlant de ce grand homme :

Favori de Pallas, *quelque nom qu'on lui donne,*
Ou celui de Minerve, *ou celui de* Bellonne.

L A paix qui fut faite entre les *François* & les *Espagnols*, procura au Duc d'*Atri* la restitution de tous ses Etats. Renonçant alors à toute autre occupation, l'étude fit seule ses delices. Il devint le Protecteur des Gens de Lettres; & plusieurs eurent part à ses liberalitez. Il mourut dans un âge très avancé en 1328. regretté de ceux qui durant sa vie avoient été ses Ennemis. *André Mathieu* porta la gloire de la Maison d'*Acquaviva* au plus haut degré. On conserve encore dans le Royaume de *Naples* des Medailles, qui furent frapées à son honneur, long-tems avant sa mort.

I L avoit épousé en premieres nôces *Isabelle Piccolomini d'Aragon* Fille d'*Antoine Todeschini* Duc d'*Amalfi*, Neveu du Pape *Pie. II.* & de *Marie*, Fille de *Ferdinand* d'*Aragon* Roi de *Naples*. Ces Nôces furent celebrée à *Fano* avec une magnificence Royale; & Sa Majesté s'y trouva. Sa seconde Epouse fut *Catherine della Ratta*, Fille & heritiere de *Jean* Comte de

Caferte & Veuve de *Cefar* d'*Aragon* Fils du même *Ferdinand.*

IL eut pour enfans du premier Lit 1º. *Jean François* d'*Acquaviva* d'*Aragon* Marquis de *Bitonto.* 2º. *Jean Antoine* d'*Acquaviva* d'*Aragon* I. du nom, qui fut le IX. Duc d'*Atri*, lequel continua la pofterité de la Branche aînée, & dont les Fils formerent enfuite celle de *Gioia* 3º. *Jean Vincent* d'*Acquaviva* d'*Aragon*, Evêque de *Melfe*, qui fut Châtelain du *Château* *S. Ange* & enfuite Cardinal en 1542. fous le Pontificat de *Paul III.* Ce Prelat fut encore plus recommandable par fes vertus que par fa haute Naiffance, & fa Dignité. Il mourut en 1556. & laiffa tous fes Biens à fon Eglife. 4º. *Jean-Baptiſte* d'*Acquaviva* d'*Aragon* qui mourut jeune, & fans alliance. Le Duc *André Mathieu* n'eut point d'Enfans de fon fecond Mariage.

JEAN *François* d'*Acquaviva* d'*Aragon*, I. du nom, Marquis de *Bitonto*, apprit le mêtier de la guerre fous les yeux de fon Pere, qu'il fuivit dans toutes fes expeditions. Il fe trouva en 1542. à la Bataille de *Ravenne*, où après diverfes preuves de valeur, ayant été enveloppé par un gros de Cavalerie *Françoife*, & après avoir vû périr tout fon monde, il fut obligé de fe rendre prifonnier étant, tout couvert de bleffures. Il paffoit déjà pour un Grand Capitaine ; & auroit fait les plus grands progrez dans la profeffion des Armes ; mais à peine de retour à *Naples* aprez avoir été échangé, il tomba dans une maladie de langueur, dont il mourut à la fleur de fon âge. Le Roi *Catholique* l'envoya vifiter de fa part pendant fa maladie par le Vice Roi, & lui temoigner l'affection

particuliere

particuliere qu'il avoit pour lui. Il avoit épousé *Dorothée de Gonzague*, Fille du Duc de *Mantoüe* & d'*Antoinette des Baux*, dont il eut *Jules Antoine d'Acquaviva d'Aragon*. II. du nom qui fut fait Comte de *Converfano*, & *Ifabelle* mariée en premieres nôces à *Henry Pandore* Duc de *Briano* & en fecondes nôces à *Bernardin des Baux*, Frere du dernier Comte d'*Aleffano*.

JULES *Antoine d'Acquaviva d'Aragon* II. du nom, fut fait Comte de *Converfano* du vivant de fon Ayeul, & fut enfuite auffi Comte de *Caferte* & de *Sainte Agathe*. Les *François* ayant recommencé la guerre dans le Royaume, & dans le refte de l'*Italie*, il fuivit leur parti, & fe fignala dans diverfes occafions importantes. L'Empereur *Charles V.* alors Maître de *Naples* le déclara Rebelle, ce qui obligea *Jules* de paffer en *France*, où le Roi *François* I. lui donna plufieurs Terres dans lefquelles il mourut pendant la Prifon de ce Prince en *Efpagne*. L'Empereur fit tout au monde pour détacher *Jules* du parti des *François* ; mais il répondit qu'il ne vouloit point quitter un Maître pour en prendre un autre ; & qu'il méprifoit l'inconftance de la Fortune, qui ôtoit les Etats à l'un pour les donner à l'autre.

IL avoit épousé *Anne Gambacorta*, Fille d'une ancienne Maifon, dont la Mere étoit Coufine de la feconde Femme d'*André Mathieu d'Acquaviva* III. du nom. Il eut 2. Fils de ce Mariage. *Jean François d'Acquaviva d'Aragon* II. du nom, & *Balthafard* qui fit une nouvelle Branche, dont les Chefs ont eu les Titres de Marquis de *Bellante* & des Princes de *Caferte*.

JEAN *François* d'*Acqnaviva* d'*Aragon* II.
du nom, Fils Aîné de *Jules Antoine* dont on
vient de parler, avoit passé en *France* avec son
Pere. Il y fixa son séjour. Il avoit servi avec
lui ; & le Roi *François* I. l'avoit pris en amitié. *Henri* II. ne lui témoigna pas moins d'affection. Il l'employa utilement dans diverses affaires importantes, dans lesquelles il réussit parfaitement. *Henri* II. le fit Chevalier de son
Ordre de S. Michel ; & sous *Charles* IX. il
fut nommé Conseiller d'Etat, Employ dont il
s'acquita au gré du Prince & de toute la Cour.
Il prit le Titre de Duc d'*Atri* & épousa *Camille Caraccioli* Fille de *Jean* Prince de *Melphes.*
Il eut un Fils & une Fille de ce Mariage. Le
Fils nommé *Josias* étoit fort jeune lorsque son
Pere mourut. *Charles* IX. le fit élever auprés
d'*Henri* d'*Angoulême* son Frere Naturel, qui
fut depuis Grand Prieur de *France* ; mais ce
jeune Seigneur mourut à l'âge de 13. ans, & ne
put profiter des avantages que lui auroit procuré
l'amitié du Roi.

ANNE sa sœur que la Reine *Catherine de
Medicis* avoit aussi prise en amitié ; & que
cette Princesse avoit fait élever auprez d'Elle, fut
mariée à *François Loüis Diacette* Comte de
Chateauvilain, originaire de *Florence*, & parent
de la Reine. Ce Seigneur fit tous ses efforrs pour
rentrer dans les Droits d'*Anne* d'*Acquaviva*,
son épouse sur le Duché d'*Atri*, & sur les autres Fiefs de cette Maison dans le Royaume de
Naples, dont son Ayeul avoit été dépoüillé par
le Roi d'*Espagne* ; mais inutilement.

LE Comte de *Chateauvilain* eut de ce Mariage un Fils & une Fille ; le Fils fut nommé
Scipion Diacette d'*Acquaviva* d'*Aragon*, & prit

auſſi le titre de Duc d'*Atri*, de Prince de *Melphes* , &c. La Fille , *Angelique Diacette d'Aquaviva* &c. fut mariée à *Claude d'Anglure* , Comte de *Bourlemont* , Prince d'*Ambliſe* , Marquis de *Si* ; & ſes enfans porterent également le Titre de Ducs d'*Atri* , ce que ſa poſterité à continué.

S C I P I O N épouſa *Genevieve Doni* , Fille d'*Octavien Doni* Seigneur d'*Attichi* de *Valence* & de *Marillac* , d'une ancienne Maiſon de *Florence* , lequel avoit ſuivi en *France* la Reine *Catherine de Medicis* ; & qui fut employé à la Cour de cette Princeſſe. *Octavien* étoit Fils de *Lucas Doni* qui vint s'établir dans *Avignon* en 1478. & y forma une Branche , éteinte du côté des Mâles depuis quelques années ; & dont il y a encore trois Filles vivantes. L'aînée Veuve du Marquis *Chigi* de *Sienne* , neveu du feu Cardinal *Zondodari* , la ſeconde Veuve de *Paul* de *Seitres* Marquis de *Vaucluſe* , & la troiſiéme épouſe de *Joſeph* de *Seitres* Marquis de *Caumont*.

U N Fils nommé *Joſeph* , Comte de *Chateauvilain* &c. fut le premier fruit du Mariage de *Scipion Diacette d'Acquaviva d'Aragon* avec *Genevieve Doni* mais ; il fut tué en 1643. dans les guerres d'*Italie* , où il ſervoit avec diſtinction ; & il n'avoit point encore pris d'alliance. Il y eut auſſi deux Filles de ce Mariage , qui moururent Religieuſes.

A P R E'S la mort de ſa Femme , le Comte de *Chateauvilain* embraſſa l'Etat Eccleſiaſtique ; & *Loüis XIV.* lui donna l'Abbaye de S. *Arnould* de *Metz*. Il auroit eu le Chapeau de Cardinal à la Nomination du Roi ; mais la mort d'*Urbain* VIII. derangea cette affaire ; & il mourut lui même ensuite trop tôt sous le Pontificat d'*Innocent X.* en 1648. âgé de 60. ans. Ainsi finit la posterité en ligne directe d'*André Mathieu d'Acquaviva* III. du nom.

B E L I S A I R E d'*Acquaviva d'Aragon*, Chef de la Branche Collateralle de *Jules Antoine* I. du nom, dont il étoit le II. Fils, fut Comte & ensuite Duc de *Nardo.* Le Roi *Ferdinand d'Aragon* qui le distinguoit beaucoup l'employa en diverses occasions ; & les deux Titres de *Comte* & de *Duc* de *Nardo*, furent une partie des recompenses qu'il reçut de ce Prince. Il épousa *Sueve* de *San Severino*, Fille de *Jerôme* Prince de *Bisignano* dont il eut 1º. *Jean Bernardin d'Acquaviva d'Aragon*, lequel a continué la Branche des Ducs de *Nardo.* 2º. *Jacques Antoine* nommé à l'Evèché de *Nardo*, dont il se démit. 3º. *Jean - Baptiste*, qui succeda à son Frere dans le même Evêché. 4º. *Jean Antoine* Evéque de *Lecce*, mort en 1525.

B E L I S A I R E eut encore 4. Filles 1º. *Adriane*, mariée à *Ferdinand Castriot* Duc de S. *Pierre.* 2º. *Diane* épouse de *Ferdinand Spinelli* Duc de *Castrovillari.* 3º. *Isabelle*, mariée à *Paul Caraccioli.* 4º. *Antoinette* épouse de *Jean Baptiste Dellamar*ᵉ .

J E A N *Bernardin* d'*Acquaviva* d'*Aragon* II. Duc de *Nardo* & I. du nom, servit dans les guerres du Royaume, & fut toûjours attaché au parti des *Espagnols.* Il épousa *Jeanne Cajetan* Fille d'*Honoré* III. du nom, *Comte* de *Fondi* Duc de *Trajetto* & Prince d'*Altamire*, & de *Lucrece* d'*Aragon*, Fille d'*Alfonce* Duc de *Calabre*, depuis Roi de *Naples*, & Veuve du Duc de *Ferrandine.* Il mourut à la fleur de son âge, laissant un Fils unique nommé *François* d'*Ac-*

quaviva d'*Aragon* III. Duc de *Nardo*, lequel marcha fur les traces de fon Pere ; & eut beaucoup de part aux bonnes graces du Roi. *François* époufa *Ifabelle Caftriot*, Fille d'*Alfonce* Marquis d'*Atripalda* dont il n'eut également qu'un Fils unique *Jean Bernardin* d'*Acquaviva* d'*Aragon* Second du nom, IVᵉ. Duc de *Nardo*.

CE dernier, attaché comme fon Pere & fon Ayeul aux *Efpagnols*, fe diftingua dans les Armées ; & foutint la gloire de fa Maifon dans toutes les occafions qui fe prefenterent. Il fut marié deux fois. Sa premiere Femme fut *Anne Loffredi*, Fille de *Ferdinand*, Marquis de *Trevico*, dont il n'eut point d'Enfans. Il époufa en fecondes nôces *Catherine Toralda* de la Maifon des Marquis de *Polignano* dans la Province de *Bari*, Veuve de *Ferdinand Beltrand*, Marquis de *Mifciagna*, dont il eut 6. Fils & 2. Filles.

BELISAIRE, l'aîné, V. Duc de *Nardo*, grand Capitaine. époufa *Porcie Pepe*, dont il n'eut que 2. Filles. *Catherine*, l'aînée, fut mariée à *Jules* d'*Acquaviva*, fon coufin, Comte de *Converfano*, Duc de *Noci* ; & lui porta pour dot le Duché de *Nardo*, comme on le dira en parlant de cette Branche ; & *Camille*, la Cadette, époufa *Ferdinand Beltrand*, Marquis de *Mifciagna*, fon Parent, du côté de fa Grand Mere. Ainfi finit la Branche directe des Ducs de *Nardo*.

FRANÇOIS fecond Fils de *Jean Bernardin* II. du nom, & Frere de *Belifaire*, fut Seigneur de la *Tour de Padula* & époufa *Ifabelle Baronné* dont il n'eut qu'un Fils nommé *Bernardin*, lequel époufa *Adriane* de *Francis* Fille de *Jacques* Marquis de *Taviano*, dont il eut 3. Fils & 2.

Filles, lesquels n'ont point laissé de posterité. *Marcel*, l'aîné de ces Enfans, se fit Clerc Regulier, & fut nommé *Falix* dans la Religion. *André Mathieu*, le second, entra dans l'*Ordre de S. Benoît*, ou il se distingua par son sçavoir & la regularité. *Jules*, le plus jeune, suivit son Frere aîné, & porta le nom de *Jean-Baptiste*. Les deux Filles *Marie* & *Diegue* n'eurent point d'Alliance.

GASPARD, troisiéme Fils de *Jean Bernardin*, entra en Prelature ; mais il quitta bientôt aprez la Mantelette, pour se faire Religieux. *Vincent* le IV. épousa *Béatrix de Falconis*, dont il eut 3. Fils morts sans posterité. *Claude* le V. mourut de même qu'*Alexandre* le VI. sans avoir pris d'Alliance. *Adriane* l'aînée des Filles épousa *Cesar* de *Pappadoca*; & *Isabelle* la Cadette, *Vasco* de *Acunia* Seigneur Portugais.

JACQUES *Antoine*, second Fils de *Belisaire* I. du nom, Duc de *Nardo*, fut nommé à l'Evêché de cette Ville ; mais il s'en démit peu aprez ; & n'étant pas engagé dans les Ordres, il quitta l'Etat Ecclesiastique, prit le Titre de *Duc*, & épousa *Adriane* de S. *Framond* des Comtes de *Cerreto*, dont il eut 3. Enfans. *Claude* d'*Acquaviva* d'*Aragon*, *Belisaire* & *Catherine*. *Claude* seul prit alliance, & épousa *Lucie* de *Azzis*, dont il eut 5. Fils, lesquels formerent la derniere Branche de la Maison d'*Acquaviva*.

OCTUVE d'*Acquaviva* d'*Aragon*, l'aîné des Fils de *Claude*, mourut en bas âge. *Alexandre* le second épousa *Julie* de *Pepoli* ; & en eut deux Fils morts sans Alliance, l'un nommé *Claude* comme son Oncle, & l'autre *Ale-*

xandre du nom de son pere. *Ferdinand*, troisiéme Fils de *Claude*, passa en *Espagne* où Il fut
employé dans les Troupes de S. M. *Catholique*.
Il servit long-tems en *Flandre* avec beaucoup
de distinction, & mourut ensuite à la Cour de
Madrid dans un âge fort avancé, sans avoir été
marié.

ASCAGNE IV. Fils de *Claude* passa au
service de la Branche d'*Autriche* d'*Allemagne*.
Il seroit parvenu aux premiers Emplois Militaires par sa valeur; mais elle lui fut funeste. Il
fut tué dans une mêlée en 1620. pendant les
guerres de *Boheme*. Il avoit épousé *Marie Caraccioli*, dont il eut cinq Enfans, qui ne laisserent
point de posterité. *Belisaire* l'aîné mourut jeune, *Jules* le Cadet ne se maria point, & est
mort au Service d'*Espagne*. *Delie*, *Catherine*
& *Claude* qui étoient les trois Filles se firent
Religieuses. *Alfonce*, dernier Fils de *Claude*,
mourut sans se marier dans un âge fort avancé,
quoiqu'il ne joüît que d'une santé très foible,
ce qui l'empêcha de prendre aucun parti.

JEAN *Antoine* d'*Acquaviva* d'*Aragon*,
second Fils d'*André Mathieu III*. du nom,
qui a formé la Branche des Comtes de *Gioia*;
& a continué celle des Ducs d'*Atri*, après la
mort de *Jean François* Marquis de *Bitonto*
son Frere Aîné, a été le IX. Duc d'*Atri*. Il
obtint du Roi tous les Fiefs qui avoient été
sequestrés, lorsque *Jean François* son neveu
passa en *France*. Les Etats d'*Atri* & de *Caserte*
avoient été donnez par un Arrêt du Conseil
d'*Espagne*, le premier à *Ascanio Colonna* &
le second au Général *Ramirez*. Le Duc *Antoine Mathieu* Pere de *Jean Antoine* qui vivoit
encore dans ce tems-là, s'étant plaint de cet Ar-

rêt en 1525. la Cour de *Madrid* le revoqua ;
& *Jean Antoine* fut remis en poſſeſſion de ces
Fiefs. Cependant *Aſcagne Colonna* vint dans les
Terres d'*Atri* avec des Troupes pour s'en
emparer ; & les Hiſtoriens remarquent qu'étant
arrivé à *Cellino*, qui dépend du Duché d'*Atri*,
les Femmes s'oppoſerent tellement au paſſage
qu'il ne put jamais le franchir. Le Duc *André Mathieu* & ſon Fils *Jean Antoine*, pour
éterniſer la memoire de ce fait & reconnoître
la fidelité de leurs Vaſſaux, affranchirent cette
Terre de toute Gabelle.

Jean Antoine épouſa *Iſabelle Spinelli*,
Veuve de *François* de *Capoüe* & Fille de *François Spinelli* Comte de *Cariati*. Peu de tems
aprez il maria ſa Niece *Julie* d'*Acquaviva* avec
Bertold Farneſe, par le moyen duquel Mariage,
il s'allia avec les Familles des Papes *Paul III.* &
Clement VII. Il eut 6. Enfans de ſon mariage.
Jean Jerôme d'*Acquaviva* d'*Aragon*, l'aîné,
fut le X. Duc d'*Atri*.

André Mathieu, le ſecond, fut fait Evêque de *Venafio* en 1558. Archêveque de *Co-
zence* en 1573. & mourut en 1576. *Antoine*,
le troiſiéme, fut Seigneur de *Caſa-Maſſima*,
de *Rotigliano* & de *Saint Nicandre*. Il épouſa
une *Turque* dont il eut un Fils nommé *Marc
Antoine* qui eut les mêmes Titres ; mais qui
mourut ſans Alliance, & une Fille, qu'on
nomma *Victoire*, Héritiere de ces Fiefs, laquelle
épouſa *Antoine Caraffa*, Marquis de *Bitetto*.

Claude IV. Fils de *Jean Antoine* avoit
pris le parti de l'Egliſe. Le Pape *Pie V.* le fit
d'abord ſon Camerier d'honneur ; mais quelque
reglée que fût la Cour de ce Saint Pontife,
il ne put s'y ſouffrir. Il avoit ſuccè, dez-ſa plus

tendre

tendre enfance les Principes des plus sublimes vertus ; & il préfera la vie Religieuse aux Eminentes dignitez que sa Naissance & le Poste qu'il occupoit lui promettoient. Agé de 25. ans, le 27. Juillet 1567. il entra dans la *Compagnie de Jesus*, où l'on ne tarda pas de voir briller ces sublimes vertus qu'il cachoit aux yeux du Monde.

I L venoit seulement d'être fait Prêtre, aprez avoir fait les exercices ordinaires de la Compagnie, lorsqu'il fut nommé Provincial de *Naples*. Ce Royaume se trouva pendant son Triennal afligé d'une cruelle peste. Le Pere d'*Acquaviva* donna à ses compatriotes tous les secours Spirituels & Temporels qu'une charité consommée peut engager de fournir. Il fut ensuite appellé à *Rome* pour exercer le même Emploi dans cette premiere Province de la Societé ; mais cet Emploi n'étant pas compatible avec le zéle qu'il avoit pour le Salut des Ames, il tacha de se faire inscrire au rang des Missionnaires. Il fut l'auteur de la Mission d'*Angleterre* où il devoit aller en qualité de Superieur ; mais le Seigneur en disposa d'une autre maniere.

L E Général de la Compagnie vint à mourir ; le Pere *Claude d'Acquaviva* n'avoit alors que 39. ans. Son âge sembloit devoir l'exclure de ce Poste, cependant il fut élu à la place du Pere *Mercuriano*, du consentement unanime de tous les Vocaux.

S O N généralat fut remarquable par tout ce qu'il fit avec un zéle & une aplication infatigables pour le bien & la gloire de la Compagnie. Tout lui réussissoit. Il s'attira l'estime & la bienveillance des plus grands Personnages qui vivoient pour lors. Quoique revêtu du premier Emploi de la Religion il ne dédaignoit pas de remplir les plus bas. Il refufa l'Archevêché de *Naples* que *Clement VIII.* voulut lui donner. Enfin aprez avoir gouverné la Compagnie pendant 34. ans avec un aplaudiffement univerfel, il mourut chargé de mérites le 31. Janvier 1615. Son aplication aux affaires de la Compagnie ne l'empêcha pas de donner quelque tems à l'étude. Ce fut pendant fon Généralat qu'il compofa divers Ouvrages de Pieté, parmi lefquels on fait un cas particulier de 16. Epitres, que l'on regarde comme autant de Traitez, un Directoire pour les Exercices de S. *Ignace* & des Meditations fur les Pfaumes 4e. & 113. On voit dans plufieurs Cabinets *d'Italie* & de *l'Europe* une Medaille à l'honneur de cet Illuftre Général de la *Compagnie de Jefus*, lequel à été également en veneration auprez des Perfonnes de tout Rang.

DOROTHE'E *d'Acquaviva d'Aragon* fut l'aînée des Filles de *Jean Antoine* IX. Duc *d'Ari.* Elle ne prit point d'Alliance. L'étude fut fa feule inclination ; & Elle fe rendit recommandable par la connoiffance de diverfes Sçiences. *Julie* dont on a parlé plus haut qui époufa *Berthol Aernefe* étoit fa Sœur Pui-née.

JEAN *Jerôme d'Acquaviva d'Aragon* X. Duc *d'Atri* fut illuftre parmi les gens de Lettres l'étude fit fon unique occupation pendant fa jeuneffe. Devenu plus âgé, il marcha fur les traces de fes glorieux Ancêtres dans le métier de la Guerre ; & ne fe diftingua pas moins dans les affaires du Cabinet. Dans le tems de la Ligue contre les *Turcs* fous le Pape *Pie V.* Le Roi *d'Efpagne* lui donna le commandemenr de fes Troupes ; & du confentement unanime de toutes les Puiffances qui contribuoient à cette guerre il fut nommé Général des Volontaires, qui dans toutes les occasions marcherent les premiers aux Ennemis. Le Duc *Jean Jerôme* remplit parfaitement tout ce qu'on attendoit d'un grand Capitaine & d'un bon Général, soit dans la Campagne de *Varadin*, soit à la fameuse Bataille de *Lepante*. Les Medailles d'Argent & de Bronse qui furent frapées à son honneur seront un monument éternel du mérite de ce grand homme.

Il avoit épousé *Marguerite Pio*, de la Maison des Princes *Pio* dont il eût huit enfans. 1o. *Albert d'Acquaviva d'Aragon XI.* Duc d'*Atri* 2o. *Jules* né en 1546. lequel étant allé à *Rome* à l'âge de 20. ans ou environ, fut envoyé par le Pape Nonce en *Espagne* auprez de *Philippe II.* & fait Cardinal à l'âge de 24. ans par *Pie V.* qui eut tant d'estime pour lui qu'il le demanda pour être present à sa mort, afin de l'assister dans ces derniers momens. Le Cardinal *Jules* mourut à l'âge de 28. ans, en odeur de Sainteté. 3o. *Adrien d'Acquaviva d'Aragon* qui a formé la Branche des Comtes de *Conversano.* 4o. *Jean Antoine*, l'un des plus valeureux Capitaine de son tems, qui mourut Général de l'Armée des *Venitiens* pendant que les *Turcs* assiegoient *Corfou* où il commandoit. 5o. *Rodolphe* lequel entra fort jeune dans la *Compagnie de Jesus*, pendant que son Oncle en étoit Général ; & qui ayant achevé ses Etudes partit pour les *Indes Orientales* où étant arrivé, ses travaux Apostoliques produisirent bien-tôt les fruits qu'il s'en étoit promis *Akebar Empereur du Mogo* ayant demandé des Missionaires & ayant laissé entrevoir qu'il n'étoit pas éloigné d'embrasser le *Christianisme*, le Pere *Rodolphe d'Acquaviva* paſſa dans cet Empire & eut bien-tôt acquis l'eſtime des Puples par ſa douceur & ſes autres vertus. L'Empereur eut avec lui pluſieurs conferences, & en fut très ſatisfait. Il eut pour lui une attention toute particuliere pendant le ſéjour qu'il fit dans la Capitale.

Ce S. Religieux revenu à *Goa*, fut envoyé Recteur d'un College que la *Compagnie* avoit dans *l'Iſle Salſete* ſur les côtes du *Decan* dans *l'Ocean Indien*, laquelle apartenoit aux *Portugais*. Il y trouva la recompenſe [de ſes vertus par la Couronne du Martyre qu'il y reçut. Il fut tué par les Barbares à coups de Fleches avec 4. de ſes Compagnons le 15. Juillet 1533. n'étant alors âgé que 32. ans.

Le bruit de ſa mort s'étant repandu en *Europe*, & étant parvenu à la Cour de *Philippe IV. Roi d'Eſpagne.* Ce Monarque fit inſtance auprez du Pape *Innocent X.* pour qu'on prît des informations juridiques ſur le Martyre de ce S. homme ; & Sa Majeſté ordonna au *Comte d'Ognate* ſon Ambaſſadeur à *Rome* d'en preſenter la Requête en ſon nom à ſa Sainteté. Les Procez-Verbaux ont eté faits & portez à la *Congregation des Rites* & l'on eſpere de voir bien-tôt placer le Pere *Adolphe d'Acquaviva* aux nombre des Bienheureux.

Horace fut le VI. Fils de *Jean Jerôme Duc d'Atri.* Il avoit d'abord marché ſur les traces de ſon Pere dans la profeſſion des Armes. Il étoit Capitaine d'une Galere, lors de la Bataille de *Lepante*, où il combattit long-tems ſous les yeux du *Duc.* Ayant pouſſé juſques au centre de l'Armée Ennemie, il ſe trouva environné par leurs Bâtimens, & obligé ſeul de leur faire tête. Il en coula pluſieurs à fonds;

mais tous ses gens perirent dans cette occasion
& il resta seul en vie par un espece de miracle.
Il voulut en témoigner à Dieu sa gratitude,
en quittant le Monde & embraßant l'Etat Ecclesiastique. Il ne fut pas plû-tôt engagé dans
les Ordres qu'il fut nommé Evêque de *Ca-
jazza* dont il gouverna l'Eglise avec une sageße
consommée depuis 1592. jusques au 13. Juin
1617. jour de sa mort.

OCTAVIO d'*Acquaviva* d'*Aragon* VII.
Fils de *Jean Jerôme* fut élevé sous les yeux de
son Pere dans tous les exercices convenables à
un jeune homme qui se destinoit à l'Eglise. Il
fit de si grands progrez dans ses études qu'il fut
en état étant encore fort jeune de prendre le
Bonnet de Docteur dans l'Université de *Perouse*
celébre dans ces tems-là. Il étoit outre cela
Sçavant dans les belles lettres *Greques* & *Lati-
nes*. Il fut à *Rome*, aprés son Doctorat, & à
peine arrivé, *Sixte V.* le fit Referendaire de
l'une & l'autre Signature, Vice-Legat du *Patrimoine de S. Pierre* & ensuite Major-Dome
du *Palais Apostolique*. Peu d'années aprés,
sçavoir le 16. Mars 1591. *Gregoire XIV.* le fit
Cardinal.

LA *France* se trouvoit dechirée par les cruelles guerres que les *Hugenots* y avoient susci-
tées & particulierement dans les trois Provinces de *Languedoc*, de *Provence*, & de *Dauphiné*, au milieu desquelles *Avignon* & le Com-
tat-*Venaißin* se trouvent enclavés. En plusieurs endroits de cet Etat de l'Eglise, les Re-
ligionaires avoient commis mille desordres, sur
tout aprez la mort de *François de la Baume
Comte de Suze*, Général pour le Pape, *d'Avignon & du Comtat*, lequel étoit mort des

blesures qu'il avoit reçûës en voulant recouvrer la Ville de *Montelimart* en 1587. Le Pape *Clement VIII.* ne crut point trouver de Sujêt plus capable de remedier aux Troubles suscités dans ces Provinces que le Cardinal *Octavio d'Acquaviva.*

IL le nomma so. Legat *à Latere* & l'envoya dans *Avignon* en c te qualité. Les esperances du *Pontife* ne furent point vaines : Le Cardinal Legat aidé d'un côté par *Rostaing de la Baume Comte de Suze*, Fils de *François*, dont on vient de parler, Bailli des Montagnes du *Dauphiné*, lequel aprez la mort d'*Henri III.* s'étoit attaché aux interêts d'*Henri IV.* trouva le moyen de s'oposer aux entreprises des *Huguenots* & des *Rebelles* ; & vint enfin à bout de dissiper les troubles. Il gouverna avec une prudence & une sagesse digne des plus grands éloges.

LES Emplois que *Rostaing Comte de Suze* avoit alors au service du Roi, le voisinage de ses Terres, limitrophes du *Comtat* & l'Alliance qu'il y a entre sa Maison & celle d'*Acquaviva* par les Filles des deux Branches de celle des *Baux* de *France* & de *Naples* que les Seigneurs de ces deux Maisons ont eûës en mariage, en divers tems, occasionnerent la liaison intime qu'il y eut entre le Cardinal Legat & le *Comte Rostaing*, laquelle subsiste encore, lorsque ce dernier se rendit à la Cour d'*Henri IV.*

LE Cardinal *Octavio d'Acquaviva* eut la gloire d'avoir le premier contribué à la conversion d'*Henri le Grand.* La *France* en conserve encore précieusement la memoire en plusieurs manieres, & entre autres par les Medailles qui furent frapées, où l'on voit d'un côté le Buste de *Clement* VIII. revêtu de ses habits Pontifi-

ſceaux avec la Legende ordinaire, & ſur le revers les Armes du Cardinal avec ces mots *Oc-*
tavius Cardinalis d'Acquaviva Legatus Aven.

C E Prelat, Grand-homme de lettres, comme
on l'a remarqué ci-deſſus ne les negligea jamais, malgré ſes occupations. Il aima toûjours ceux qui en faiſoient profeſſion, & il en
eut toûjours par tout quelqu'un parmi ſes principaux Domeſtiques. *Antoine Ghiberti*, ſon
Auditeur, ne fut pas des moins conſiderables.
Celui-ci pendant ſon ſéjour dans *Avignon* lia
une étroite amitié avec le celebre *Nicolas Fa-*
bri de Peireſs que la *Provence* fait gloire d'a-
voir vû naître dans ſon ſein.

L E Cardinal ayant terminé ſa legation retourna à *Rome* couvert de gloire, & fut reçû
du Pontife avec une joye inexprimable. *Leon*
X. Succeſſeur de *Clement* VIII· le nomma à
l'Archêveché de *Naples*; mais ce Pontife, étant
mort peu après, le Cardinal n'en prit poſeſſion
qu'en 1605. ſous *Paul V.* qui confirma la nomination de ſon predeceſſeur. *Son* entrée dans
Naples fut faite avec la derniere magnificence.
Il gouverna cette illuſtre Métropole avec toute
la dignité convenable. *Naples* comme le reſte de
l'*Italie* fut afligé en 1607. par une cruelle fa-
mine. Le Cardinal ſe montra en cette occaſion
le veritable Pere de ſon Troupeau. On ne fini-
roit point s'il falloit entrer dans le détail de
tout ce qui regarde ce Grand-homme, dont la
memoire ſera à jamais en veneration.

E N F I N pour achever ce qui regarde les
Enfans de *Jean Jerôme d'Acquaviva*, *Iſabelle*
ſa Fille fut mariée au fameux *Fabrice Ruffo*
Prince de Squillace.

A L B E R T *d'Acquaviva d'Aragon* X I.

Duc d'*Atri* fut employé dans les affaires les plus importantes du Royaume, dont il s'acquita dignement, soit en tems de paix, soit en tems de guerre. Il défendit vaillamment la Ville de *Pescara* contre les *Turcs*, qui vinrent ravager les Côtes de la Mer *Adriatique*. Il épousa *Beatrix de Lannoi* Fille d'*Horace Prince de Sulmone* Vice-Roi de *Naples* dont il eut 1o. *Josias* XII. *Duc d'Atri*, 2o. *Joseph* qui fut élevé à *Rome* auprez de son Oncle le Cardinal *Octavio*, & qui entré en prélature fut nommé Nonce en *Espagne*; mais qui mourut universellement regreté avant son départ pour ce Royaume. 3o. *Marguerite*, qui fut mariée à *Diome de Carafa Duc de Matalone*. 4o. *Dorothée* épouse en premieres nôces de *Camille Caraccioli*, Prince d'*Avellino*; & en secondes nôces de *Detio Pignatelli* Marquis, de *Pinazzola*.

J O S I A S d'*Acquaviva* d'*Aragon* II. du nom XIII. Duc d'*Atri* ne se rendit pas moins recommandable que son Pere par ses vertus & par ses belles qualitez. Il épousa *Marguerite Ruffo* Fille de *Fabrice* Prince de *Squillace* dont il eut 1o. *François* d'*Acquaviva* d'*Aragon* XIII. Duc d'*Atri*. 2o. *Octave* fait Cardinal par le Pape *Innocent* X. en 1652. lorsqu'il étoit Gouverneur de *Viterbe*. Les Fastes de l'*Eglise Romaine* font mention de ce Grand Homme de la maniere du monde la plus honorable. Il sçut s'opofer au Duc de *Parme*, qui avoit voulu surprendre *Civitavechia* pendant qu'il étoit en guerre avec la Cour de *Rome*. Ce Cardinal fut Légat en *Flandre* & dans la *Romagne* où l'on benit encore sa memoire; & *Rome* se souviendra toûjours de la maniere avec laquelle il reçût la Reine *Christine* de *Suede* qu'il reconcilia à l'Eglise.

l'Eglise, & de toutes les grandes actions dont Elle à été témoin. *Albert* nommé *l'Abbé d'Acquaviva* fut le 3e. Fils de *Josias* II. du nom *Fabrice*, mort au service de *l'Espagne* fut le IV. & *Thomas d'Acquaviva d'Aragon* fut le Ve. Il entra dans *l'Ordre de S. Dominique*, où son mérite & ses Talens le firent bien-tôt distinguer. Les Progrez qu'il fit dans l'étude des Hautes Sciences furent incomprehensibles. Il fut en état, quoique très jeune d'enseigner la Théologie, emploi dont il s'acquita avec distinction. Mais son principal Talent fut la Chaire. Il se fit admirer dans les plus célebres d'*Italie*, & ayant passé en *Espagne*, sa reputation ne fit qu'augmenter. Appellé à *Rome*, il fut fait *Maître du Sacré Palais*; & quelque tems aprés examinateur des Evêques; mais on ne le laissa pas longtems dans ce Poste. Le Pape *Clement IX.* le nomma à l'Evêché de *Bitonto*; & il remplit les fonctions Episcopales avec ce zéle que l'on a admiré dans les premiers pasteurs de l'Eglise.

F R A N Ç O I S *d'Acquaviva d'Aragon* XIII. Duc d'*Atri* ne fut pas moins illustre que ses Ancêtres. Il épousa *Anne de Concubet*, Fille unique de *François* Marquis d'*Arena*, dont il eut deux Fils & une Fille. *Josias* troisiéme du nom XIV. Duc d'*Atri* fut l'aîné. *Rodolphe* le Cadet ayant embrassé l'Etat Ecclesiastique, entra en prélature, & fut bien-tôt pourvû des premieres Dignitez. L'intelligence qu'il avoit dans les affaires, lui mérita la confiance du Pape qui l'envoya Nonce auprez des *Cantons Suisses Catholiques*; mais où il mourut quelque tems aprez. *Cecile*, la Fille, épousa *Antoine d'Acquaviva d'Aragon* Duc de *Laurenzano*.

J O S I A S *d'Acquaviva d'Aragon* III. du

nom XIV. Duc d'*Atri*, à fuivi en tout l'exemple de fes illuftres Ayeux. Auffi habile Politique que grand Capitaine, il a rendu fon nom celebre dans le Royaume de *Naples*, & cher à *Efpagne*, à laquelle pendant la Revolution de 1647. Il fçut auffi conferver toute la Province de *l'Abruzze*. Il fut auffi grand homme de Lettres. L'Academie établie à *Naples* fous le Titre *Degli Oziofi* l'élut pour fon chef. Le Voyage qu'il fit en *Calabre*, pour y prendre poffeffion du riche Héritage du Marquis d'*Arena*, qui lui étoit échu, lui coûta la vie. Il tomba malade ; & rien ne fut capable d'arrêter le progrez du mal. il mourut en 1679.

Ce Seigneur avoit époufé, *Françoife Caraccioli*, Fille de *Jofeph*, Prince *Della Torella*, morte en 1715. dont il eut 3. Fils, & une Fille. *Jean Jerôme d'Acquaviva d'Aragon* II. du nom, l'aîné, fut le XV. Duc d'*Atri*. *François* le Cadet, ayant achevé fes Etudes, dans lefquelles il fit des progrez merveilleux, prit l'habit Ecclefiaftique & alla à *Rome*. Il s'y fit connoître en peu de tems ; & le Pape *Innocent XI.* le fit fon *Camerier d'Honneur*. Il fut enfuite envoyé Vice-Legat de *Ferrare*. *Alexandre* VIII. l'en retira pour l'envoyer *Inquifiteur* à *Malthe*. Ayant exercé cet Emploi pendant le tems ordinaire, il retourna à *Rome*, où *Innocent XII.* le fit d'abord, *Clerc de Chambre* & peu aprez fon *Maître de Chambre*. Le jeune Prélat s'acquit l'eftime de toute la Cour de *Rome* dans l'exercice de ces differens Emplois ; & s'agiffant d'envoyer un Nonce en *Efpagne*, dans un tems où de cruelles guerres déchiroient l'*Europe*, tems trés difficile pour les Miniftres, qui fe trouvent dans les Cours étrangeres , ce qu'il y avoit à *Rome* de plus éclairé parmi les Cardinaux , fit inftance auprez du *Pape* pour que fon *Maître de Chambre* eût la Nonciature *a'Efpagne*. Quelque envie que le Pontife eût d'envoyer à cette Cour un grand Sujet, il avoit tant d'affection pour *François d'Acquaviva* qu'il ne pouvoit fe refoudre à s'en feparer. Cependant faifant ceder fa propre fatisfaction au bien public, il nomma ce Prélat Archêveque de *Lariffe* , & Nonce à la Cour de *Madrid*, au grand contentement de tout le *Sacré College*.

LE Nonce arrivé en *Efpagne* , la Cour de *Rome* eut bientôt lieu de s'aplaudir du choix qu'Elle avoit fait de fa Perfonne , pour remplir ce Pofte. Il s'y fit admirer, & merita la confiance de tous les Miniftres de *Charles II.* & fur tout celle du Cardinal *Portocarrero*. Le Nonce fit encore briller fes belles qualitez pendant les Troubles furvenus en *Efpagne* aprez la mort de *Charles II.* & l'Arrivée de *Philippe V.* dont il acquit bien-tôt les bonnes graces. *Clement XI.* le fit Cardinal en 1706. & *Philippe V.* obligé de quitter *Madrid* , le chargea de conduire la Reine fon Epoufe , ce qu'il fit avec une fimple Efcorte de 500. chevaux , fans le moindre danger , quoi qu'environné d'Ennemis Etrangers & Domeftiques.

DE retour en *Italie* , le Cardinal ne fut pas fans occupation. Les *Allemans* s'étoient emparez du Royaume de *Naples* ; & le defordre étoit dans les Etats de fa Famille, dont le Chef, comme on le dira plus bas étoit demeuré attaché à *Philippe V.* Il eut encore des chagrins particuliers à effuyer. Une partie de fes Equipages périt en Mer. Les revenus qu'il avoit dans le Royaume de *Naples* furent faifis par les *Alle-*

mans ; mais rien ne put le détacher de *Philippe V*. Per satisfait d'avoir tout sacrifié pour la Couronne d'*Espagne*, ne lui restant plus en *Italie* que ses Neveus, il les envoya au service de *Philipe V*. Toutes les Cours de l'*Europe* admirerent la fermeté inébranlable du Cardinal, & donnerent à sa fidelité pour son Roi, les éloges les plus magnifiques.

Le Roi *Philippe* le nomma protecteur de ses Royaumes & le chargeant des affaires de sa Couronne, il ne tarda pas à le déclarer son Ministre en Cour de *Rome*. Ce fut lui qui accelera la conclusion du Mariage de *Philippe V*. avec *Elisabeth Farnese*, la Princesse, dont il fit la Cerémonie à *Parme* en 1714. & conduisant ensuite cette Princesse jusques à *Genes*. Le Cardinal fit admirer ses Talens pour le Cabinet, pendant son Ministere. Les affaires les plus épineuses ne lui coûtoient rien. Il mourut enfin en 1725. & il fut autant regreté aprez sa mort, qu'il avoit eté aimé & estimé pendant sa vie.

Michel d'*Acquaviva d'Aragon*, fut le troisiéme Fils de *Josias* III. il fut Chevalier de *Malthe*, & Commandeur de *Montjo*, le Roi *Catholique* le fit Gentilhomme de sa Chambre ; & il mourut en *Espagne*. La Fille nommée *Dorothée*, fut mariée à *Jules Antoine d'Acquaviva d'Aragon*, Comte de *Conversano*, son cousin.

Jean *Jerôme d'Acquaviva d'Aragon* II du nom, XV. Duc d'*Atri*, acquit dans sa jeunesse toutes les connoissances que donnent les Belles Lettres ; & devenu le Chef de la Maison, & possesseur du plus riche héritage qui fût dans toute l'*Italie*, il gouverna ses Etats avec tant de prudence & d'équité que ses Vassaux

le nommerent leur Pere. Il eut même ce glorieux nom dans *Naples* sa Patrie , par les services qu'il lui rendit. Il s'y déclara le Protecteur de tous les Gens de Lettres , à l'imitation
de plusieurs de ses Ancétres. *Philippe V.* étant
parvenu à la Couronne d'*Espagne* & par conséquent
devenu Maitre du Royaume de *Naples* , alla en
1702. dans la Capitale, pour relever le courage
de ses Sujets , que la crainte des Ennemis com-
mençoit d'affoiblir. Le Duc *Jean Jerôme* fut
toûjours auprez de la Personne du Monarque
pendant le séjour qu'il fit dans le Royaume ; &
Sa Majesté ayant reconnu son zéle, & ses grands
talens ne prit jamais conseil que de lui. Le *Duc*
n'oublia rien pour faire comprendre aux *Napolitains* l'avantage qu'ils alloient avoir d'être Sujets d'*Espagne* , sous le Regne de *Philippe V.*
Le Roi partant pour *Madrid* le nomma *Vicaire-
General* de l'*Abruzze* & lui donna le commandement de toutes les Troupes.

D A N S ces tems orageux, où le Royaume se
trouvoit rempli d'Ennemis, il étoit difficile de
pouvoir tout conserver. Le Duc s'attacha à la
Province , qui lui fut confiée ; & ce ne fut
qu'aprez avoir fait les derniers efforts pour ré-
sister au grand nombre des Ennemis, avec une
simple poignée de Monde qu'il alla se ren-
fermer dans *Pascara.* Avant que de se rendre
dans cette Place , il voulut prendre congé de sa
Famille qui étoit dans *Atri.* Il seroit trop long
de raporter ici le discours qu'il fit à ses Fils,
pour les animer à rester fidéles au Roi d'*Espagne* leur legitime Souverain. Sentimens de Pere,
sentimens de Sujets, tout y est exprimé en des
termes si persuasifs, que son discours peut être
comparé aux Harangues que faisoit *Demosthene*
aux *Atheniens.*

L E Général *Dauun* qui commandoit les *Allemans* dans le Royaume, fit tous ses efforts pour détacher le Duc d'*Atri* des interéts de *Philippe V.* Il lui envoya une Personne de confiance, laquelle ne trouvant point le *Duc* à *Atri*, mit tout en usage, pour gagner ses Fils ; mais inutilement. Le *Duc* étoit déja à *Pescara*, qu'il ravitailloit, & à la conservation de laquelle Place il travailloit jour & nuit, sans penser qu'il travailloit en même-tems par ce moyen, à la rüine de sa Famille, & qu'il tramoit la perte de ses biens. Il fit une Caisse militaire de son propre Argent.

P E S C A R A fut assiegé par les *Allemans*. Le Duc s'y défendit pendant un mois avec une valeur extraordinaire ; mais enfin ne recevant point de secours, il se vit obligé de leur rendre cette Place par capitulation. Les *Allemans* s'étant mis en tête d'avoir le *Duc* en leur Puissance, firent diverses tentatives pour s'assurer de sa Personne. Il sçut éviter plusieurs fois les embuches qu'on lui avoit dresséez ; mais faisant refléxion que le nombre des Ennemis grossissoit journellement, & qu'il pourroit enfin tomber entre leur mains, il se rendit à *Rome* en habit deguisé.

L A Cour de *Madrid* aprit avec plaisir l'arrivée du *Duc* à *Rome* ; & pensa à recompenser sa fidelité ; mais le *Duc* ne voulut d'autres recompenses que la gloire qu'il lui en revenoit. Il étoit Duc d'*Atri* Prince de *Teramo*, Marquis d'*Acquaviva* & d'*Arena*, Comte de *Gioia* &c. Le Roi *Catholique* le fit Grand d'*Espagne* de la Premiere Classe, Chevalier de la *Toison d'Or*, & Comte d'*Elda* dans le Royaume de *Valence*, en 1708. Il mourut à *Rome* le 14. Août 1709. âgé de 45. ans.

IL avoit épousé *Lavinia Ludovisio*, Fille de *Nicolas* Prince de *Piombino* ; mais n'en ayant point eu d'Enfans, il se remaria avec *Eleonore Cecile Spinelli*, Fille du Marquis de *Vico*, Duc d'*Aquaro* dont il eut onze enfans, cinq Fils & six Filles. *Josias IV.* du nom, & XVI. Duc d'*Atri* alla jeune en *Espagne*, & y servit dans les Armées de *Philippe V.* avec distinction. Son éducation à *Naples* avoit été conforme à celle que le Duc son Pere avoit reçûë. *Josias* possedoit parfaitement, tout ce qui peut rendre un Seigneur illustre dans les Armes, dans la Politique & dans les Belles Lettres. Le Roi d'*Espagne* le nomma en 1709. Chevalier de la *Toison d'Or*, Il avoit servi en *Flandre* avec aplaudissement ; & il couroit à grand pas dans la Carriere des Honneurs Militaires ; mais retournant en *Espagne*, il mourut à *Lyon*, peu aprez avoir reçû le Collier de l'Ordre de la Toison d'Or.

D O M I N I Q U E d'*Acquaviva* d'*Aragon* son Frere Pui-né, fut par cette mort Héritier de tous les Fiefs de la Maison & est au jourd'hui le XVII. Duc d'*Atri*.

R O D O L P H E troisiéme Fils du Duc *Jean Jerôme* s'est distingué en *Espagne*, dans tous les Emplois Militaires qu'il y a exercez. Il s'est fait admirer dans les guerres de *Sicile*, à *Gibraltar* & à *Ceuta*, où il s'est trouvé aux prises avec les Ennemis de la Couronne. Il s'est attiré l'estime de *Philippe & V.* de toute la Cour de *Madrid*.

T R O Y A N le IV. élevé auprez du Cardinal *François* d'*Acquaviva* son Oncle avec une attention particuliere, se fit connoître en *Espagne*, dez-sa plus tendre jeunesse, où il fut envoyé pour porter la *Barette* à Don *Arias* Archêveque de *Seville*. De retour à *Rome*, il fut fait Vice-Legat de *Bologne* ; & le Saint Siége étant devenu vacant par le décez de *Clement XI.* il fit les fonctions de Legat. Les *Bolonois* furent si satisfaits de son gouvernement, que pour en éterniser la memoire, ils firent fraper, aprez une déliberation unanime du Senat, des Medailles d'Or & d'Argent, sur lesquelles on voit *Minerve* debout sur un Piedestal ayant derriere un *Lyon* couché sur le ventre, ténant de la main droite un Etandart coupé par une grande Croix, & à la gauche la Thiare qu'elle porte élevée. La Ville de *Bologne* paroît dans l'éloignement, & on y lit cette Legendre *Non desicit alter* & dans l'exerque 1721. les Armes de l'Eglise, le Siege Vacant, sont dans le milieu du Revers, celles de M. *d'Acquaviva* à la droite, & celles de la Ville à la gauche.

T R O Y A N *d'Acquaviva* passa de la Vice-Legation de *Bologne* au Gouvernement *d'Ancone*, où il ne fit pas moins admirer sa sagesse, & son intelligence dans l'administration des affaires. *Benoît XIII.* le fit son Maître de Chambre, & peu aprez Major-Dôme du Palais Apstolique ; & *Clement XII.* le créa Cardinal le 1. Octobre 1732. Les Grands Hommes ne doivent se loüer qu'aprez leur mort. Leur modestie souffre, quelques mesures que l'on prenne, lorsqu'on fait leur éloge pendant leur vie. Un silence respectueux est plus convenable ; d'ailleurs Toute *l'Europe* est instruite des Talens des vertus & des grandes actions du Cardinal *Trojan d'Acquaviva*. Les affaires auxquelles il a eu tant tant de part en *Italie*, depuis que le Royaume de *Naples* est revenu sous la Domination des Princes *d'Espagne*, sont connuës de tout le Monde ; & il n'y à perſonne qui n'aprouve la conduite des Cours de *Madrid* & de *Naples* qui ont déclaré cette Eminence leur Ambaſſadeur Plenipotentiaire au-prez du S. Siége ; & qui l'ont comblée de tous les honneurs, qui ſe trouvent compatibles avec la dignité de Cardinal.

LIBORIUS d'*Acquaviva* &c. dernier Fils du Duc *Jean Jerôme*, & *Iſabelle, Thereſe, La-vinie Claude-Marie*, *Anne* & *Françoiſe* ſes Filles font l'ornement de *Rome* de *Naples* & d'*Atri*. *Iſabelle* a épouſé le Duc de *Bagnoli* Fils du Prince de *Forano* de la Maiſon *Strozzi.*

DOMINIQUE d'*Acquaviva* d'*Aragon* XVII. Duc d'*Atri* paſſa jeune en *Eſpagne*, & entra au ſervice de *Philippe V.* qui lui donna d'abord un Regiment de Cavalerie à la tête du-quel il ſe trouva en 1718. à la Bataille de *Melazzo* en *Sicile*, dans laquelle il ſoutint avec ſplendeur la gloire que les Héros de ſa Maiſon ont acquiſe dans les Armées. Il entra le premier dans le Camp des *Allemans* qu'il força & qu'il mit en deroute ; & prit priſonnier le Général *Vete-rani*, avec preſque toute la Cavalerie des En-nemis. Si le reſte de leur Armée n'eût pas été à portée de ſe jetter dans *Melazzo* & n'eût pas été ſecouruë par les Galeres de *Naples* qui obli-gerent la Cavalerie *Eſpagnole* à s'éloigner du Rivage, cette Bataille terminoit la guerre & de-cidoit du ſort de l'*Italie*. Le *Duc* d'*Atri* fut bleſſé dangereuſement dans cette action, mais malgré ſa bleſſure, il ne voulut point quitter le champ de Bataille. qu'il ne fût aſſuré de la Vic-toire.

IL ſe fit tranſporter par Mer juſques à *Rome* auprez du Cardinal *François* ſon Oncle, où il fut traité fort heureuſement. Le *Cardinal* croyoit que le *Duc* ne voudroit plus s'expofer aux événemens de la guerre, fans avoir du moins pris un établiffement qui affurât des fucceffeurs à la Maifon; mais dans le tems que fon Eminence prenoit des mefures pour faire retourner fon neveu en *Efpagne*, le *Duc* partit de *Rome*, fe rendit deguifé en *Sicile*, & fe trouva dans toutes les actions qu'il y eut entre les Troupes *Efpagnoles & Allemandes*, dans lefquelles on le vit rechercher avec le dernier empreffement les occafions de fe fignaler.

DE retour en *Efpagne* avec les Troupes du Roi *Catholique*, il époufa la Princeffe *Pio*. Il étoit alors déja Grand d'*Efpagne* de la premiere Claffe. Le Roi le fit Chevalier de la *Toifon d'Or* & à plufieurs autres recompenfes que Sa Majefté lui donna, Elle ajoûta celle de Capitaine de fes Gardes *Italiennes* pour l'attacher de plus en plus à fa perfonne. Mais difons de lui comme du *Cardinal* fon Frere les *Heros* ne doivent être loüez qu'aprez leurs mort.

BALTHASARD d'*Aquaviva* d'*Aragon*, fecond Fils de *Jules Antoine* fecond du nom, *Comte de Converfano* &c. Chef de la Branche des Marquis de *Bellante* Prince de *Caferte* rétablit fa Maifon des pertes qu'Elle avoit foufertes. Il ne fe rendit pas moins fameux dans la profeffion des Armes que fon Frere *Jean-François*, contre lequel on le vit les Armes à la main, attendu qu'il demeura toûjours attaché au parti des *Efpagnols*. Il fe fignala encore dans la guerre que le *Pape Paul IV.* fit aux *Napolitains*, & reçut pour recompenfe du Roi *Philippe II.* le titre de Marquis de *Bellante*.

DE fon Mariage avec *Jeronime Gajetan d'Aragon*, Fille de *Jacques Comte* de *Morcon*, celebré en 1542. il eut quatre Fils sçavoir. 1º. *Jules Antoine* qui fut le second Marquis de *Bellante* & le premier Prince de *Caserte*. 2º. *Vincent* mort jeune. 3º. *François* qui ayant épousé *Victoire Spinelli* des Princes de *Lascale* n'eut point d'enfans. Il avoit pris le parti des Armes, & ayant eu le commandement de deux mille hommes d'Infanterie pour s'opofer aux courses continuelles que les *Turcs* faisoient sur les Côtés du Royaume, il sçut si bien les arrêter qu'il y rétablit la tranquilité.

MARCEL, le quatriéme Fils de *Balthafard* fut fait Archevêque d'*Otrante* en 1586. & rétablit en peu de tems la Discipline Ecclesiastique dans son Diocése. Le Pape *Sixte V.* l'envoya Nonce à *Venise* & fut si content de la maniere avec laquelle il s'y comporta, qu'il l'employa ensuite dans les affaires les plus épineuses, & particulierement en *Piemont*, où pendant son séjour, il sçut moyenner un accommodement entre la Cour de *Turin* & celle de *France*.

JULES *Antoine* d'*Acquaviva* d'*Aragon* Marquis de *Bellante* Prémier Prince de *Caserte* épousa peu aprez la mort de son Pere, *Victoire* de *Lannoi*, Fille d'*Horace* Prince de *Sulmone*. Il ne fut pas moins illustre que son Pere & ce qui à toûjours été ordinaire dans la Maison d'*Acquaviva*. il honora plus les emplois dont il fut révêtü qu'il n'en fut honoré. Il eut quatre Fils & une Fille. *André Mathieu* 4me. du nom fut l'Aîné. *Charles* le second mourut Capitaine de Cavalerie, aprez avoir acquis dans les guerres de *Flandre* le Titre de brave Officier. Il s'étoit marié avec la Fille de *Ferdinand*, Seigneur de *Bernardo* dont il n'eut point d'enfans. *Pierre* le troisiéme fut Ecclesiastique & renonçant à

routes les Dignitez que sa Naissance pouvoit lui
procurer, il voulut vivre en personne privée.
Balthasard le IV. exerca la charge de Grand
Tréforier du Royaume de *Naples*. Il avoit
épousé *Porcie Caraccioli*, veuve, de *Diomede*
Carafa Duc de *Cerci* dont il n'eut point de pofterité. *Isabelle*. Fille du fusdit *Jules Antoine*
fut mariée à *Marin Caraccioli* Duc de *Martina*.

A N D R E' *Mathieu d'Acquaviva d'Aragon*
4me. du nom, 3me. Marquis de *Bellante* second
Prince de *Caferte*, ayant épousé en premieres
nôces la Comteffe de *Lemos*, paffa en *Espagne*
avec Elle, où ces illuftres Epoux se firent bien-
tôt admirer à la Cour du Roi *Philippe II.* Le
Prince de *Caferte* fut employé en diverfes affaires par ce Monarque, qui lui donna une pen-
fion de 5000. Ducats. Le Prince paffa de *Ma-*
drid en *Flandre* où il eut le commandement
d'un Corps des Troupes *Espagnoles*. Il se trouva au Siége de *Rimbergue*. L'Empereur *Maxi-*
milien II. L'envoya en *Gueldre* où il fit le Siége
de *Grolle* qu'il reduisit fous l'obéiffance de *Sa*
Majefté Imperiale. Ayant perdu fon Epoufe, il
se remaria avec *Anne Polixene Preneftain*, Comteffe de *Furftemberg*, Veuve d'*Emmanuel* de *Gefu-*
aldo Prince de *Venoufe*, parente de *l'Empereur*,
& il reçût peu de tems aprez l'Ordre de la *Toifon*
d'Or des mains *d'Albert Archiduc d'Autriche*.
De retour à *Naples*, il y termina les differens furvenus à l'occafion de la Principauté de *Caferte*
que le Confeil *d'Espagne* avoit donnée au Général *Ramirez*, aprez la retraite en *France* de
Jean François d'Acquaviva fon Oncle. Le Confeil fupreme de *Naples* lui adjugea cette Principauté. Il n'eut point d'Enfans de fon second Mariage. Une Fille unique nommée *Anne d'Acqua-*
viva d'Aragon Princeffe de *Caferte* fut le fruit

de son premier Mariage, il la maria à *François Gajetan* Duc de *Sermonette* dans la Maison duquel passa la Principauté ; & ainsi finit la posterité de *Balthasard d'Acquaviva* & la Branche des Marquis de *Bellante* Princes de *Caserte*.

A D R I A N d'*Acquaviva* d'*Aragon* 3me. Fils de *Jean Jerôme* X. Duc d'*Atri*, fut le Chef de la Branche des Comtes de *Converfano* & Ducs de *Noci*. Il succeda au Fils de *Jules Antoine* & fut un des Grands Capitaines de son tems. Il se signala beaucoup au Siege de la *Goulette* en *Affrique*. Le Comte de la *Mirande* Vice-Roi de *Naples* le chargea à son retour à *Naples* de donner la chasse à une troupe de Bandis qui desoloient le Royaume & sur tout l'*Abruzze*. Sa seule présence les mit en fuite & le Royaume en fut delivré. Il eut de son Mariage avec *Isabelle Caraccioli* Fille & heritiére de *Godefroi*, Seigneur de *Tocco* 6. Enfans Mâles. 1o. *Jules*, II. Comte de *Converfano* & Duc de *Noci*. 2o. *Jean* qui épousa *Antoinette de Cardines*, Fille de *François* Marquis de *Laino*, de laquelle il eut, *Adrian*, *Jerôme*, & *Beatrix d'Acquaviva* d'*Aragon*, lesquels moururent sans posterité. *Jean d'Acquaviva* servit dans les guerres du Royaume avec distinction. 3o. *Alphonce* qui fut Chevalier de *Malthe* & servit long-tems en *Flandre*. 4o. *Rodolphe* qui se maria avec *Victoire* de *Radulovich*, Fille de *Nicolas* Marquis de *Polignano*, dont il n'eut qu'une Fille nommée *Lucrece*, qui épousa *Charles Carafa* Duc de *Noja*. 5o. *François* qui fut Prêtre & qui refusa les Dignitez Ecclefiastiques qu'on vouloit lui donner. 6o. *Bernard* qui entra dans la *Compagnie de Jefus*.

J U L E S d'*Acquaviva* d'*Aragon*, III. Comte de *Converfano* & Duc de *Noci* fut héritier des vertus de son Pere comme de ses titres. Il épousa *Catherine* d'*Acquaviva* d'*Aragon* Duchesse de *Nardo* sa Cousine, Fille & héritiere de *Belisaire* Duc de *Nardo* de laquelle il eut deux Fils dont le Cadet fut Chevalier de *Malthe*.

J E A N *Jerôme* d'*Acquaviva* d'*Aragon* l'aîné 4me. Comte de *Conversano* Duc de *Noci* & de *Nardo* fut Général de la Cavalerie *Espagnole*, & se signala aux expeditions de *Piompino* & de *Porto Longone* ; & soutint parfaitement dans diverses autres occasions la gloire du nom d'*Acquaviva*. Il eut de son épouse *Isabelle Filomarini* Fille de *Thomas* Prince *Della Rocca*, *Cosme* qui continua la posterité, *Thomas* Chevalier de *Malthe*, qui en diverses occasions pendant ses Caravanes donna des preuves d'une valeur peu ordinaire ; *Jules* qui embrassa l'Etat Ecclesiastique, mais qui à l'exemple de son Oncle ne voulut aucune Dignité : *Catherine* mariée à *Jerôme Caraccioli* Marquis de *Torrecuso* & *Anne* Epouse de *Jean Baptiste Cicinelli* Prince de *Turcis*.

C O S M E d'*Acquaviva* d'*Aragon* Fils aîné de *Jean Jerôme* fut le V. Comte de *Conversano*, Duc de *Noci* & de *Nardo*. Il se fit autant distinguer que ses Ayeux ; & seroit parvenû aux premiers Emplois Militaires en recompense de sa valeur. Mais il fut tué en Duel en 1665. par le Duc de *Martina* de la Maison *Caraccioli*. Il avoit épousé Marie de *Capouë* Fille de *Jean Fabrice* Prince *Della Riccia* dont il eut 10. enfans. *Jean Jerôme* qui épousa en 1680. *Aurore* de San *Severino*, Fille de *Charles* Prince de *Bisignano* dont il n'eut point d'Enfans. Il mourut en 1681. *Jean Antoine* qui devint l'aîné par cette mort. *Thomas* mort au Berceau. *Adrian* mort en enfance. *Dominique* qui servit en *Espagne*, qui fut fait Chevalier de la *Toison d'Or*, & qui épousa *Marguerite Therese* de *Hennin*, Fille de *Philippe Louis* Comte de *Bossut* Prince de *Chimai* dont il n'eut point d'Enfans. *Isabelle*, *Catherine*, *Marguerite*, *Therese* & *Dorothée* furent les Filles de *Cosme*. *Dorothée* épousa *Rodolphe Carafa* Duc de *Noja*. Les autres Filles n'ont point eu d'Alliance.

JULES *Antoine* d'*Acquaviva* d'*Aragon* VI. Comte de *Conversano* Duc de *Noci* & de *Nardo* épousa *Dorothée* d'*Acquaviva* d'*Aragon* sa Cousine, Fille de *Josias XIV.* Duc d'*Atri*. Il mourut dans le mois de Février 1691. laissant son Epouse enceinte d'un Fils qui naquit postume & qui fut nommé comme son Pere *Jules Antoine*. Il est aujourd'hui le Chef de la Branche des Comtes de *Conversano* Ducs de *Noci* & de *Nardo* & Pere de *Pascal* d'*Acquaviva* d'*Aragon* Vice-Legat d'*Avignon* nommé au mois de Septembre 1743. Il à épousé *Marie Spinelli* Fille du celebre Prince de *Turcis*.

IL est aisé de voir par cet Abregé combien est illustre la Maison d'*Acquaviva*, Royale d'*Aragon*, soit par Elle même, soit par ses Alliances. Si l'on suivoit le sentiment de *Ferdinand I.* de *Ferdinand II.* & de *Frederic* Roi des deux *Siciles*, de *Ferdinand* le *Catholique* Roi d'*Espagne* & de l'Empereur *Charles V.* on diroit en parlant de cette Maison, *la Royale Maison d'Aragon d'Acquaviva* comme ces Souverains se sont exprimez dans les Actes, par lesquels ils en ont fait mention, & en consequence de l'agregation qu'ils en ont fait à leur Maison Royale.

Il n'y a aucune Maison considerable en *Italie*, & en *Europe* à laquelle la Maison d'*Acquaviva* ne soit alliée, & pour ce qui est de la *France* en particulier, il n'y a qu'à voir les Alliances que la Maison des *Baux* y a contractées avec ce qu'il y a de plus distingué dans le Royaume, dont le moindre détail passeroit les bornes de ce que l'on s'est proposé dans cet Abregé. Nous le finirons par une remarque des plus dignes d'attention. Le Duché d'*Atri*, dont cette Maison est en possession est le plus ancien Duché de l'*Italie*. Il a été érigé long-tems auparavant ceux qui sont aujourd'hui possedez par des Princes Souverains ; & il en est à peu près de même de plusieurs des autres *Fiefs* qu'Elle possede.

FIN.